Fantasy
Einführung

Frank Weinreich,

Dr. phil., Jahrgang 1962, Studium der Kommunikationswissenschaft, Philosophie und Politikwissenschaften. Lebt und arbeitet als freier Autor und Lektor in Bochum.

Frank Weinreich

Fantasy
Einführung

Oldib
Verlag
Oliver Bidlo

© 2007 Oldib Verlag Oliver Bidlo,
Lerchenstraße 33, 45134 Essen
Umschlaggestaltung: Oliver Bidlo
Titelbild: Sir Edward Coley Burne-Jones 1833-1898,
Sirens, © Visipix.com
Herstellung: Books on Demand GmbH, Norderstedt
ISBN 978-3-939556-03-9

*Go forth [...] and go from here eastwards and pass the fields we know,
till you see the lands that clearly pertain to faery;
and cross their boundary, which is made of twilight,
and come to that palace that is only told of in song.*

[...]

*„What do you bid me do," said the son, „when I come to that palace?"
And his father said: „To wed the King of Elfland´s daughter."*
(Lord Dunsany: *The King of Elfland´s Daughter*)

Für meinen Freund Friedhelm Schneidewind, einen der erfahrensten Reisenden in den „fields we do not know".

Inhalt

1. Auf dem Weg in unbekannte Gefilde[1]

I hear the horns of Elfland every day.

Die Gattung Fantasy in Buch Film, Spiel, Musik oder Kunst stellt einen wichtigen und unabtrennbaren Bestandteil der Populärkultur dar, der als solcher Teil des Lebens und Fühlens einer nicht geringen Anzahl von Menschen ist. Dafür ist das Phänomen Fantasy einer vergleichsweise geringen Menge theoretischer Betrachtungen und interpretierender Erklärungen unterzogen worden. Einen neuen Schritt in diese Richtung stellt das Ihnen hiermit vorliegende Buch dar.

Weltbekannte Titel wie *Der Herr der Ringe*, *Harry Potter*, *Fluch der Karibik*, *World of Warcraft*, *Forgotten Realms* und *Conan* sind die vielleicht bekanntesten Beispiele für den Erfolg von Fantasy – doch welchem Umstand ist das zu verdanken? Wie und warum wirkt Fantasy so attraktiv auf ein durchaus disparates Publikum aus Menschen verschiedenster Kulturen, beider Geschlechter, heterogener Bildung und aller Altersstufen? Das ist eine Frage, die die bis dato vorliegenden Überblicke über das Genre[2] nicht erschöpfend beantworten. Es ist an der Zeit, dass die Analyse des Phänomens Fantasy in eine neue Phase eintritt und sich mit Funktion und Bedeutung der Fantasy beschäftigt.

Mussten die ersten Autorinnen und Autoren von Werken über das Genre Fantasy sich noch vornehmlich mit deskriptiven Erläuterungen sowie mit der Abtragung von Vorurteilen über das vermeintliche Subkulturerzeugnis Fantasy befassen,[3] so ist das theoretische und praktische Verständnis der vielfältigen Universen von Schwert und Magie durch seriöse Untersuchungen[4] inzwischen weit vorangetrieben worden. Der Grund für weitergehende Analysen ist damit bereitet. Das Verständnis des Genres in die bisher wenig ausgeleuchteten Bereiche von Bedeutung und Funktion der Gattung für das Publikum zu erweitern, macht neben der Einführung in den Begriff und die Geschichte der Fantasy, den inhaltlichen Kern dieses Buches aus, das in seinen vier Teilen die Themen Definition von Fantasy, Fantasy und Mythos, Geschichte, Spielarten und Persönlichkeiten des Genres sowie die interpretierende Beschreibung dreier paradigmatischer Beispiele der Fantasy beinhaltet.

Was ist das ‚Fantasy'?

Zunächst wird der Begriff Fantasy neu definiert, man könnte vielleicht besser sagen, seinem Wesen nach bestimmt, denn die Ausführungen gehen über eine bloße Definition hinaus und weisen schon auf die zentrale Frage der Bedeutung des Genres für seine Leserinnen und Zuschauer, seine Spielerinnen und Künstler hin. Die Neu- und teilweise Umbestimmung des Genres Fantasy erfolgt in Form einer so vorher nirgendwo entwickelten Definition, die sich auf das Übernatürliche als zentrales inhaltliches Erkennungsmerkmal des Genres konzentriert. Demnach gehört zum Genre der Fantasy jede fiktionale Erzählung – was, Film, Musik, Kunst (plus Comics) und Spiele (Computer-, Brett- und Rollenspiel) einbezieht[5] –, die das Übernatürliche als Handlungsbestandteil aufweist. Meist wird dies in Form von drei charakteristischen, ebenfalls auf der inhaltlichen Ebene zu findenden Motiven in Szene gesetzt: durch das für die Geschichte konstitutive Vorhandensein von Heldinnen und Helden, einer imaginären Welt als Haupthandlungsort (dieser kann auch der realen Welt entspringen) und der Magie als für die Erzählung selbstverständliches Faktum.

Diese Neubestimmung wird nötig, um angemessen auf die Art der Verbindung von Rezipientenpsyche und Fantasyerzählung hinzuweisen. Ausgangspunkt ist dabei die These, dass es ein in der menschlichen Psyche angelegtes Bedürfnis nach Metaphysik und von Erfahrungsgrenzen überschreitenden Erklärungsmustern gibt. Dieses Bedürfnis wird von übernatürlichen Inhalten und Themen bedient und primär auf einer emotiona-

10

len Ebene verarbeitet. Es entsteht eine affektive Beziehung von Erzählung und Publikum, der die Vielzahl der möglichen subjektiven Bedeutungen entspringt, die – neben der Unterhaltungsqualität – als eine Erklärung für die Attraktivität der Gattung dient. Die formale Gattungsdefinition wird wesentlich aus den literaturtheoretischen Vorarbeiten von Northrop Frye, Tzvetan Todorov, Rosemary Jackson und Helmut Pesch entwickelt, die Bestimmung selbst erfolgt dann anhand der genannten inhaltlichen Aspekte, die in der Genreliteratur gefunden werden und so für jede Leserin und jeden Leser nachvollziehbar sind.

Fantasy und Mythos
Der zweite Teil führt in die Gedankenwelt der Mythologie ein und verbindet sie mit der ohne den Mythos nicht möglichen Phantastik. Es war das mythische Denken, dem die Fantasy entsprang;[6] und ich zeige, wie und warum die alten Welten und Epen der Sagen entstanden und wie sie im Genre zu neuem, bedeutungsvollem Leben erweckt werden.

Um dies darzulegen, wird insbesondere die konfliktbehaftete Entwicklung des Verhältnisses von Vernunft- (Logos) und Sagenwissen (Mythos) an ihren Kern- und Knackpunkten aufgeknüpft. Das zeigt, dass diese vermeintlich antagonistischen menschlichen Wissenssphären gar nicht so unvereinbar sind und dass sich gesunde – also die irrationale Natur der menschlichen Psyche bedenkende – Rationalität der Komplementarität des mythischen Denkens bewusst sein muss, die sich in den wunder- und schauderbaren Fantasywelten in reichster Bildersprache entlädt. Was eine dem Logos und der Vernunft anhängende Moderne nämlich zu übersehen geneigt ist, ist der Umstand, dass die auf der Empirie allein basierende Vernunft erstens nur sagen kann, was de facto, innerhalb der Grenzen ihrer Erkenntnisfähigkeit, der Fall ist und dass der Logos eben deshalb zweitens keinen Sinn zu stiften und auch kaum zu trösten

11

vermag. Dies vermag aber der Mythos mit seinen, der Fantasy darin völlig entsprechenden, auf das Übernatürliche weisenden Inhalten.

Das heißt nichts anderes, als dass der Logos den Mythos braucht, denn Menschen sind keine Computer oder Roboter und Mythos ist immer auch Therapie. In den Zeiten als man noch an den Mythos glaubte, war dieser das Fundament für Religion, Moral und den je eigenen Stil der persönlichen Lebensführung – alles drei orientiert an übernatürlichen Inhalten, an deren Existenz man damals nicht zweifelte. Die Fantasy bezieht aus dem Mythos zum einen die überwiegende Mehrheit ihrer Motive und Figuren – Drachen, Zwerge, Feen, Götter, Dämonen, das ist alles Mythenmaterial – aber sie kann zum anderen auch an die sinn- und troststiftenden Funktionen des mythischen Denkens anknüpfen, wenn auch nurmehr mit einem Augenzwinkern und einem spielerischen ‚was wäre wenn'. Aber damit ermöglicht sie auch kleine Auszeiten und Fluchten, eine Befreiung der Vorstellungskraft sowie utopische Spielereien, die das nüchterne Leben bereichern und erleichtern.

Entwicklung und Personen
Der Blick auf den Mythos reicht weit in die Historie, der sich der folgende dritte Teil des Buches dann auch in Bezug auf das Genre annimmt und einen Abriss der Geschichte der Fantasy skizziert. Wie es auch der tatsächlichen Geschichte des Genres entsprach, liegt der Schwerpunkt der Überlegungen dabei auf Büchern, auch wenn nicht vergessen wird, dass der Einfluss von Filmen und jüngst besonders Rollen- und Computerspielen innerhalb des Genres steigt und den der Bücher vielleicht sogar hinter sich gelassen haben mag. Die kommunikationstheoretischen Gründe für die Beliebtheit des Spieles werden deshalb ebenfalls erläutert.

Bei der Geschichtsbetrachtung wird besonders die enge Verbindung der Literatur und ihrer Entstehungsgeschichte betont, so dass sich zeigt, dass die imaginären Welten der Fantasy unablösbar von der realen Welt entstehen und immer auch als „Kommentar" (Tolkien) zur Realität verstanden werden sollten. Auch darin gleicht Fantasy dem Mythos. Vielleicht wäre es am treffendsten, die Fantasy als nicht geglaubte Mythen anzusehen. Das zeigt dann auch, dass die Geschichte der Fantasy nicht erst mit muskelbepackten Schwertschwingern wie Conan beginnt, sondern schon mit muskelbepackten Schwertschwingern wie Achilles, nur dass Homers Geschichten über den Letzteren allgemein als Fanal für den intellektuellen Aufschwung des Abendlandes gehalten und als erster glänzender Höhepunkt der Literatur im Speziellen und der Kreativität im Allgemeinen interpretiert werden, während man Conan in der Literaturkritik auch ganz gerne als Symbol für das kulturelle Gegenteil all dessen ansieht. Und so geht es ja weiter, wenn man schaut, welche namhaften Menschen Fantasy im Sinne der Definition des Buches schrieben: Dante, Chaucer, Shakespeare, Goethe usw.

Ich möchte mich jedoch nur kurz bei der Geschichte der Vorläufer der eigentlichen Fantasy aufhalten und lege den Schwerpunkt der Darstellung in dem Abschnitt auf die moderne Fantasy, die im 19. Jahrhundert mit Werken von William Morris beginnt. Mit Verweis auf die mittlerweile befriedigende Anzahl von Fantasybibliographien und -enzyklopädien verzichte ich bewusst auf eine vollständige Darstellung der Fantasygeschichte und werde statt dessen die wichtigsten Werke des Genres im Zusammenhang ihrer Entstehungszeit hervorheben.

Dies geschieht, damit ich mich im Kontext der Darstellung der Autorinnen und Autoren und im ständigen Bezug auf die Zeitgeschichte, auf die möglichen Verbindungen von Realität und Fiktion konzentrieren kann, die bei einer solchen Darstellung herausgearbeitet werden sollten. Fantasy kann auf diese Weise als Spiegel ihrer Entstehungszeit gelesen und begriffen werden, was ihr einiges an vermeintlicher Weltferne und vor allem an nachgesagter Belanglosigkeit nimmt.

Die Darstellung der Entwicklung der Fantasy bezieht sich zum großen Teil auf die Bücher des Genres, was sich zunächst historisch begründet, denn sie waren die erste und die zunächst bei weitem überwiegende Erscheinungsform der Fantasy. Recht bald kommt zwar der Film hinzu, das heute so wichtig gewordene Spiel, sei es als Rollen- oder Computerspiel, folgt jedoch erst viel später. Zudem lassen sich alle Aspekte, auf die ich in dieser Einführung Wert lege, in nahezu gleicher Form dann auf Film und Spiel, aber auch auf Kunst und Musik übertragen. Letztere, Kunst und Musik, dienen zudem einer Einführung in die Fantasy in der vorliegenden Form schon deshalb nicht, weil es weder beabsichtigt noch im Rahmen dieser Publikation möglich gewesen ist, die dann nötigen Beispiele zu reproduzieren.

Meisterhafte Beispiele

Eine Kommentierung der Realität durch die phantastische Fiktion beweist, dass Fantasy für ihr Publikum mehr sein kann (aber nicht sein muss – erlaubt ist, was gefällt) als exzellente Unterhaltung. Ein Teil des Ausmaßes der so oftmals tiefgehenden und zutiefst bewegenden wie auch intellektuell stimulierenden Beobachtungen über Kosmos, Mythos, Welt, Leben, Mensch, Gesellschaft, Gefühle, Werte und die ganze Breite der Philosophie, die in die Werke der Fantasy gepackt wurden und dort vom aufmerksamen Rezipienten entdeckt werden können, werden dann im vierten Abschnitt exemplarisch anhand dreier Werke der Fantasyliteratur aufgezeigt, die im Hinblick auf den Inhalt und/oder ihre Wirkungsgeschichte zu den wichtigsten Produkten des Genres zählen.

Interpretationen von Tolkiens *Mittelerde*, Le Guins *Erdsee* und der an philosophischen Themen orientierten Geschichte von McKiernans imaginärer Welt *Mithgar* werden dazu ausführlicher behandelt. Es gelingt dabei völlig ohne intellektuelle Ver-

14

renkungen Tolkiens Erzählkosmos als vielgestaltige Quelle von Beispielen menschlicher Schöpferkraft darzustellen. Die Welt Erdsee und ihre Protagonisten Tenar und Ged erweisen sich schon lange vor Harry Potter als glänzend beobachteter Bildungsroman sowie als Psychogramm der Geschlechteridentität und -sozialisation gleichermaßen. Dennis L. McKiernans zu Unrecht hierzulande relativ wenig bekannter *Mithgar*-Zyklus zieht so offensichtlich seine Stärke aus der Verbindung populärwissenschaftlichen, aber ernsthaften Philosophierens in Verbindung mit spannender erzählerischer Illustration, dass eine weitergehende Interpretation kaum vonnöten ist.

Die gewählten Beispiele zeigen in der Verbindung von packender Unterhaltung, brillantem Erzählstil und der instruktiven Darstellung aktueller realweltlicher Sachverhalte und Probleme, dass Fantasy Emotion und Intellekt gleichermaßen anzuregen vermag und dass man wirklich sinnärmeres tun kann, als sich denkend in „jenen Gefilden" zu bewegen, „die wir nicht kennen".

Das Phänomen Fantasy zu beleuchten und seine wesentlichen Bestandteile offen zu legen und zu diskutieren, ist die eine Absicht dieser Einführung. Die potenzielle Tragweite der phantastischen, märchenhaften Welten, die von unzähligen Autorinnen, Regisseuren, Spielerinnen und Rezipienten der Fantasy er- und gelebt wird, in ihrer Bedeutung für das Publikum von Fantasy als „ernsthaftes Spiel" aufzuzeigen (vgl. Petzold 2005, 11), das eine positive Bedeutung in der realen Lebensführung der Rezipienten und Rezipientinnen erlangen kann, ist das zweite Anliegen des Buches. Fantasy „clearly invites its readers to co-inhabit the tale" schreiben John Clute und John Grant illustrativ (1997, 338). Die Möglichkeiten und Vorteile der Mitbewohnbarkeit von Fantasy zu erklären, ist meine erklärte Absicht. Bereiten Sie sich darauf vor, dass dies nicht im defensiven Stil einer Apologie geschieht, die den Sinn der Beschäftigung mit Fantasy auf nur „Spuren konkreter Realität" (v.d. Bergh 2005, 26) reduzieren möchte, sondern dass dies selbstbewusst erfolgt, hat doch das ‚Phänomen Fantasy' keinen Grund, sich innerhalb des glänzenden Kosmos des kulturellen Schatzes der Menschheit an den Katzentisch setzen zu lassen.

Kommen Sie also mit, in das Land des Elfenkönigs und seiner Tochter und in all die anderen unbekannten Gefilde und zu all jenen fabelhaften und verwunschenen Bewohnerinnen und Bewohnern, die im Reiche der Fantasy Ihrer Aufmerksamkeit harren.

Reisen bildet!

2. Zur Definition von Fantasy

> *Poor were we indeed without magic*
> *whereof we are well stored*
> *to the envy of Darkness and Space.*

Fantasy ist, was der Buchhändler in das entsprechend beschriftete Regal stellt – das ist die einfachste Lösung für das Definitionsproblem des Genres Fantasyliteratur. Leider ist es aber natürlich keine Lösung, und es stellt sich für eine Einführung in die Literaturgattung auch weiterhin die Frage, was *die* Fantasy überhaupt ist?

Die eine allgemein gültige und unbestritten anerkannte Definition von Fantasy gibt es nicht (vgl. Pesch 2001, Kap. 1). Das Genre widersetzt sich seiner Bestimmung beharrlich (Jackson 1981, 2). In der Einführung zu einer der ersten Bibliographien der phantastischen Literatur schreibt ihr Verfasser, Everett Bleiler, bezüglich der Fantasyliteratur: „Fantasy may be almost all things to all men" (Bleiler 1948, 3). Formuliert wurden jedoch trotzdem eine Reihe von Beschreibungen, Annäherungen und, ja, natürlich auch, Definitionen, die jedoch meinem Eindruck nach alle entweder zu vage oder mehr oder minder umstritten sind.[7]

Deshalb scheint mir zunächst eine Beschreibung bzw. eine klar umrissene Umschreibung des Genres die sinnvollste Vorgehensweise, um das Definitionsproblem zu lösen, denn auf dem Weg der Beschreibung wird deutlich werden, welche Inhalte und Formen zur Fantasy gehören. Nötig erscheint dies vor allem vor dem Hintergrund der Überlegung, dass jegliche Definition, die über eine rückschauende Beschreibung und Analyse hinausgeht, normative Setzungen vornehmen muss (vgl. Pesch 2001, 30), die als solche disputierbar sind. Deshalb soll die Definition im Anschluss an die Beschreibung erfolgen.

Aus den gegebenen Beschreibungen und Definitionen werde ich zwei Definitionen von Fantasy entwickeln, die zwar auch normative Setzungen sind, aber anders geht es eben nicht und es wird zu sehen sein, dass auch disputierbare Definitionen das Verständnis des Genres erleichtern helfen.

Entgegen dem einleitenden Bonmot über das Sachverständnis des Buchhändlers kann man es sich auch kriteriengeleitet noch recht einfach machen und Fantasy mit Eric Rabkin als eine historisch verortbare Realisation[8] des Phantastischen bezeichnen (Rabkin 1976, ix). Aber was wäre damit für das inhaltliche Verständnis der Gattung gewonnen? Damit ist ja nichts weiter als eine vage Zuschreibung gemeint, die in der Anwendung auf eine weiterhin rechtfertigungsbedürftige Einschränkung des Korpus der Phantastischen Literatur hinausläuft. Zudem ist die historische Verortung im besonderen Falle der Fantasy unglücklich, weil das Genre sich nur in Anlehnung an mythologisches Denken verstehen lässt, wie unten ausgeführt werden wird, und Mythen per se von zeitlosem Charakter sind. Was jedoch bleibt, ist der Ausgangspunkt phantastische Literatur, von dem aus ich im Folgenden ebenfalls beginnen werde.

Phantastische Literatur ist nun selbst ein erklärungsbedürftiger Begriff, der ähnlichen Definitionsproblemen unterliegt wie die Fantasy. Deshalb werde ich ihn einfach als Sammelbegriff für diejenigen literarischen Werke, die die Grenzen der empirisch nachvollziehbaren Wirklichkeitsdarstellung überschreiten – etwa dadurch, dass „magische Dinge in unsere Welt einbrechen" (Le Blanc 2003, 6) – stehen lassen, um an dieser Stelle keine unnötigen Nebenkriegsschauplätze eröffnen zu müssen. Damit fallen unter das Label „phantastische Literatur" so divergierende Untergattungen wie das Kunstmärchen, das Hausmärchen, die Fabel, die imaginäre Reise, die Science Fiction und viele andere sowie eben auch die Fantasy als eigenes, jetzt noch unbestimmtes Genre.

Es geht an dieser Stelle also zunächst darum, sich dem

18

Genre der Fantasy anzunähern. Um das Phänomen Fantasy als Genre der Literatur zu definieren, dürfte es also hilfreich sein, sie innerhalb des literarischen Gattungskorpus[9] einzuordnen, etwa indem man sie mit Hilfe des (immer noch nicht überholten) Systems der klassischen Poetiker betrachtet. Dann stellt sich die Frage nach den Hauptgattungen: Gehört Fantasy zu Lyrik, Epik oder Dramatik? Lyrik, also die Versform, kommt in der Fantasy und besonders in den bekannteren Werken des Genres immer wieder vor. Zudem kann im Vorgriff auf die unten noch zu liefernde Definition schon hier gesagt werden, dass das Übernatürliche, dass ‚das Magische', die Verzauberung das wichtigste Merkmal der Fantasy ist. Dann aber wären eine ganze Reihe von Werken der Dichtkunst selbst durchaus gänzlich zur Fantasy zu zählen, da sie sich des Übernatürlichen als eines zentralen Themas bedienen. Zu denken ist etwa an Ovids *Metamorphosen*, an Chaucers *Canterbury Tales* oder an Ariosts *Orlando Furioso*. Die Dramatik bezeichnet bekanntermaßen jegliche Form von Theaterstücken und zeichnet sich ebenfalls durch eine Vielzahl phantastischer Werke aus, die das Übernatürliche als einen zentralen Inhalt aufweisen, etwa die antiken Komödianten und Tragöden, ein großer Teil von Shakespeares Werken und Dramen der Moderne und Postmoderne. Fantasy gehört aber unbedingt auch zur Epik, jener Hauptgattung, unter deren Namen alle Formen des mündlichen und schriftlichen Erzählens zusammengefasst sind, wie vortheoretisch schon der Blick in das Regal des Buchhändlers zeigte: Stephen Donaldson, Lord Dunsany, Raymond Feist, Robert Howard, George Martin, Joanne Rowling, J.R.R. Tolkien – alles unbestritten Fantasy in Erzählform.

Anscheinend hilft also die formale Bestimmung nicht viel weiter. Da hilft auch kein tieferer Blick: Die Unterformen der literarischen Hauptgattungen sind in der Literaturwissenschaft zwar in höchster Weise ausdifferenziert worden,[10] doch die Differenzierungskriterien werden von der Fantasyliteratur innerhalb des Genres ebenso wenig wie innerhalb von Subgenres eingehalten, sondern immer wieder und auf mannigfaltige Weise überschritten und miteinander kombiniert.

Im Zusammenhang mit Fantasy fällt den meisten Menschen wahrscheinlich aber auch weniger die Darstellungsform zuerst ein, als vielmehr die Inhalte. Fantasy, das sind doch Geschichten über Zauberer, Drachen und märchenhafte Welten, oder? Es bietet sich also an, eine inhaltliche Bestimmung des Genres zu versuchen.

„Wie aber läßt sich Fantasy inhaltlich definieren? Eine Erzählung oder eine Romanserie wird dann zum Literaturgenre Fantasy gerechnet, wenn genau zwei Kriterien zutreffen: - die Handlung muß in einer anderen Welt (als der unsrigen) [s]pielen, und – in dieser Welt muß es Magie geben" (Le Blanc 2003, 6). Ertragreich ist es auf jeden Fall, die Fantasy inhaltlich zu definieren, indem man die wichtigsten Elemente als typisch bestimmt, und zeigt, dass sie in der Fantasy vorkommen müssen, um sie zum Bestand des Genres zählen zu können. Und Thomas Le Blanc geht mit den zitierten zwei Kriterien, wenn auch nicht unumstritten, durchaus in die richtige Richtung. Aber andererseits ist diese Definition zu einfach und vielfach unzutreffend, bzw. nur mit weitgehenden Zusatzerklärungen zutreffend. Doch es gibt in der Tat eine ganze Reihe von Bestimmungen, die, wenn man sie zusammenfassend betrachtet, einige Punkte an die Hand geben, die eine vorläufige inhaltliche Eingrenzung des Genres ermöglichen.

Um diese Bestimmungen zu erhalten, ist es sinnvoll, kurz einige wenige prototypische Werke der Fantasyliteratur zu betrachten, die ganz zweifellos zu eben dieser Gattung gehören. Damit rekurriere ich zwar auch auf einen vortheoretischen Begriff von Fantasy, doch ist dies zu diesem Zeitpunkt der Überlegungen legitim, da einige Werke derart genre- wie stilbildend geworden sind, dass keinerlei Zweifel daran bestehen, dass diese Werke Fantasy sind, auch wenn noch gar nicht festgelegt

20

wurde, was unter Fantasy genau zu verstehen sei. Die Wahl gerade der folgenden drei Werke orientiert sich in erster Linie an ihrem Bekanntheitsgrad, der so groß ist, dass sie man sie getrost als Bestandteil der Populärkultur ansehen kann. Ein Qualitätsurteil ist damit nicht verbunden, die drei genannten Werke wähle ich allein aus dem einen Grund aus, dass die Werkauswahl weit über die Gemeinde der Fantasy-Afficionados hinaus ein Begriff sein dürfte. Ebenso gut könnte ich auch Michael Endes *Momo* oder *Die unendliche Geschichte* oder Christopher Paolinis *Eragon*-Trilogie hier anführen,[11] die sich einer ähnlichen, wenn auch meinem Eindruck nach nicht ganz so großen Bekanntheit erfreuen wie John Ronald Reuel Tolkiens *Der Herr der Ringe*, Robert E. Howards *Conan*-Zyklus und Joanne K. Rowlings *Harry Potter*.

Ohne Zweifel ist J.R.R. Tolkiens *Der Herr der Ringe* ein solches, wahrscheinlich sogar das wichtigste Werk der Gattung, das zudem oftmals als eigentlicher Beginn des Genres angesehen wird.[12] Es erzählt die Geschichte einer – in einer erfundenen Welt unternommenen – epischen Reise einer kleinen Heldengruppe, die sich aufmacht, das wichtigste Werkzeug des Bösen zu vernichten.[13] Die Geschichten um den Kampf um das Schicksal des Einen Rings sind, neben einer fesselnden Handlung, der außerordentlichen sprachlichen Brillanz und einer ungewöhnlich gut konstruierten Welt, erfüllt von vielfältigen, hauptsächlich ethisch wirksamen, Ein- und Ansichten, die dem Werk eine für das Genre außerordentliche Tiefe verleihen und in großem Maße mitverantwortlich sind für den mittlerweile über 5 Jahrzehnte andauernden Erfolg. Übrigens ist es nicht zuletzt der enorme wirtschaftliche Erfolg gerade dieses Buches, das die Verlage dazu brachte, Einfluss auf die Ausformung des Subgenres Fantasy innerhalb der phantastischen Literatur zu nehmen. Was immer sie als zur Fantasy gehörig zu bezeichnen vermögen, können sie gut in Richtung des Millonenpublikums von Tolkiens Meisterwerk vermarkten. Der

21

selbst äußerst erfolgreiche Fantasyautor Tad Williams beobachtet: „Die Verlage stehen heutzutage auch unter einem gewissen Druck, deine Arbeit zu definieren und sie an ein vorab ausgewähltes Subgenre-Publikum zu verkaufen" (Williams 2007).

Ähnlicher Bekanntheit dürften sich die Geschichten des in den wohl noch bekannteren Verfilmungen von Arnold Schwarzenegger verkörperten *Conan* erfreuen. Robert Howards *Conan der Barbar* durchstreift eine frei erfundene, prähistorisch verortete Erdgeschichte und kämpft sich gegen Magier, Götter und Dämonen vom Sklaven zum König hoch. Die Geschichten leben zu großen Teilen von dem nie ganz unaktuellen Motiv des Kampfes von Barbarei gegen Zivilisation. Conan ist der Prototyp des von der etablierten Literaturkritik besonders gern verlachten und verachteten Helden in der Rolle des (vermeintlich) tumben Schlägers sowie der Begründer einer ganzen Richtung der Fantasyliteratur.

Das strahlendste Icon der aktuellen Populärkultur, das mittlerweile die gesamte Welt und alle Kulturzonen durchdrungen hat, ist die Figur des *Harry Potter* der britischen Autorin Joanne K. Rowling. Die sieben Bücher und Filme sind zwar vordringlich Bildungsromane, die vom Aufwachsen des Kindes Harry Potter zum (jungen) Mann erzählen. Getragen wird das jedoch davon, dass Harry ein Zauberer ist, dessen Abenteuer im existentiellen Kampf gegen einen erzbösen Magier sich zu größten Teilen in imaginären Winkeln der realen Welt abspielen. Fantasy erreicht hier einen außerordentlich hohen Grad an Identifikationsmöglichkeiten, der zu großen Teilen den außerordentlichen Erfolg, nicht nur bei jungen Rezipierenden, ausmacht.

Was die drei Beispiele von Fantasy auf einer inhaltlichen Ebene vereint, sind im Wesentlichen drei Charakteristika, die sich für eine Bestimmung von Fantasyliteratur auch im Allgemeinen zu eignen scheinen. Im Einzelnen sind dies die folgenden Elemente: erstens die Heldin, der Held oder die Heldengruppe, zweitens die imaginäre Welt und drittens die Magie.

Helden

Den oder die Helden – oder abstrakter gefasst – Personen, die abenteuerliche Handlungen zu bestehen haben, trifft man natürlich in nahezu allen Erzählformen an, aber für die Fantasy sind sie konstitutiv, da diese Personen fast immer auch die Handlungsträger sind.[14] Dieses Element umfasst auch negative Helden, scheiternde Helden und unscheinbare Helden, aber so gut wie immer sind es Personen in abenteuerlichen Situationen, die die Handlung vorantreiben. Trotzdem wäre die Person des Helden allein sicherlich gänzlich ungeeignet, ein literarisches Werk als zur Fantasy gehörig zu bestimmen, wenn dies alles wäre, was in der Person des Helden enthalten ist. Von gleichrangiger Bedeutung wie die Existenz des Helden oder einer Gruppe von Helden in einer abenteuerlichen Situation ist aber, dass die Helden übernatürliche Aspekte aufweisen, die in der Regel auf eine übermenschliche Stärkung oder ebenso übermenschliche Behinderung hinauslaufen. Sie sind einerseits entweder selbst mit übernatürlichen Fähigkeiten ausgestattet oder verfügen über Hilfsmittel – etwa magische Waffen oder Unsichtbarkeit verleihende Ringe, Helme oder Gürtel und Ähnliches –, die ihnen gestatten, normalerweise existierende menschliche Beschränkungen zu überwinden. Oder sie sind eben andererseits mit übermenschlichen Hindernissen oder Behinderungen konfrontiert oder geschlagen, die ihre Aufgabe beschweren. Das berühmteste Beispiel dafür dürfte der Eine Ring aus Tolkiens *Der Herr der Ringe* sein. Oft sind übermenschliche Vor- wie Nachteile auch kombiniert, etwa wenn eine bestimmte Fähigkeit durch einen besonderen Nachteil erkauft werden musste, wie beispielsweise die außerordentliche magische Befähigung bei körperlicher Hinfälligkeit des Magiers Raistlin Majere in den Romanen der *Drachenlanze*. Der Held in der Fantasyliteratur ist also nicht nur durch das bloße Vorhandensein charakterisiert, sondern auch durch phantastische Eigenschaften, die die natürlichen Gegebenheiten der realen Welt in das Metaphysische hinein überschreiten.

Imaginäre Welten

Das Fantasycharakteristikum der imaginären Welt wurde von Fritz Leiber in seinem ersten *Lankhmar*-Roman wunderbar treffend beschrieben als „[s]undered from us by gulfs of time and stranger dimensions dreams the ancient world" (*Swords and Deviltry*, 5). Und genau darum geht es bei diesem zweiten Element: um die Erfindung, die Beschreibung und seitens der Rezipierenden das lesende, sehende, spielende Erleben einer fremden und anders aufgebauten Welt voller reichhaltiger Hintergründe, die schon durch das Element des Übernatürlichen unmissverständlich geschieden ist, von jener Welt unserer eigenen alltäglichen Lebenserfahrung. Fantasy ist immer auch eine Übung in „Autokosmologie" (Le Guin 1979, 121).

Die imaginäre Welt muss nun nicht eine komplett von unserer Erde getrennte Welt oder sogar Dimension sein, wie dies etwa die Welt Krynn aus den Erzählungen der *Drachenlanze* oder die interessante Doppelkonstellation Midkemia/Kelewan von Raymond Feist und Janny Wurtz darstellt. Ganz im Gegenteil behaupten viele Fantasygeschichten, in unserer Welt zu spielen, nur in einer anderen Zeit. Etwa Robert Howards *Conan*, dessen Abenteuer ca. 12.000 Jahre vor Beginn der Geschichtsschreibung, aber auf der Erde, spielen. Auch unsere historisch verbürgte Welt kann aber Handlungsort einer Fantasygeschichte sein, wie beispielsweise im Rahmen der vielen Adaptionen der Artusgeschichte seit Thomas Malory, etwa Marion Zimmer Bradleys *Nebel von Avalon*, nur muss ein Element der Verzauberung hinzutreten. Oder die Geschichten berichten, dass es parallele Realitäten gibt, auf die man von unserer Welt aus zugreifen kann. Das können einige relativ kleine, umgrenzte Orte wie die Zauberschulen Hogwarts und Beaux Bâtons aus den *Harry Potter*-Romanen von J.K. Rowling sein oder es handelt sich um komplette Welten, die auf der anderen Seite der Ekliptik liegen, wie die so genannte Gegenerde *Gor* von John Norman. Oder sie können auf einer anderen, mehr oder weniger unbestimmten Realitätsebene gefunden werden wie das *Narnia* von C.S. Lewis. Tolkiens Mittelerde schließlich ist der bekannteste Vertreter einer Phantasiewelt, die mit der unseren angeblich identisch und doch imaginär ist (vgl. S. 160), handelt es sich doch der Überlieferung des Roten Buches nach wie bei Howard um unsere Erde, aber in einer unbestimmbaren Vergangenheit, in mystischen ,anderen Zeitaltern', die das Imaginäre dieser Welt ausmachen. Wichtig ist in dem Zusammenhang, dass die imaginären oder „zweiten Welten"[15], über Kohärenz und Ernsthaftigkeit verfügen, dass in ihnen Gesetzmäßigkeiten herrschen, die sie von ,Wunderländern' wie der chaotischen Welt unterscheidet, in die Lewis Carrolls *Alice* gerät (vgl. Clute/ Grant 1997, 847).

Immer handelt es sich bei diesem Merkmal der Fantasy aber um Welten, die auf irgendeine Weise mit der empirischen Realität der Welt, in der wir Leser leben, in einer Weise gebrochen haben, dass ein Zugang zu ihr seitens unserer Realität aus Sicht der Erzählung nicht möglich oder nur ausgewählten Personen möglich ist sowie aus Sicht der Leserin, des Lesers und der Naturwissenschaften prinzipiell unmöglich ist. Es handelt sich um phantastische Welten, die zudem einen von unserer Welt differierenden ontologischen Status besitzen, da das Übernatürliche in ihnen faktisch ist. Diana Waggoner bezeichnet sie deshalb zutreffend als „secondary realit[ies] whose metaphysical premises are different from those of the real world" (Waggoner 1978, 4).

Das ändert natürlich nichts daran, dass die imaginären Welten doch fest mit der realen Welt verbunden sind. Ihre Schöpferinnen und Schöpfer können der ersten Welt mit ihren zweiten Welten nicht entkommen (und wollen dies auch gar nicht), die erfundenen Welten schöpfen vielmehr bewusst aus der realen Welt und kommentieren diese durch die Gestalt und den Inhalt der in ihnen spielenden Erzählungen: „Fantasy is, because of its relationship to reality, very *knowing*, alternative worlds must *necessarily* be related to, and comment on, the real world" (Hunt 2001, 7; Hervorhebung. im Orig.).

Magie

Die Magie (im Sinne von Praktiken, die den Verlauf von Ereignissen auf übernatürliche Weise beeinflussen; Schneidewind 2000a, 219) als drittes wichtiges Merkmal oder Charakteristikum von Fantasy trifft man meistens zusammen mit vortechnologischen Gesellschaftsformen oder historischen Settings an, in und unter denen die Fantasyhandlung spielt. Die ‚kritische' Technologieschwelle, die dabei meist nicht überschritten wird, ist in der Regel die Erfindung von Schwarzpulver und Dampfmaschine, auch wenn es zuhauf Beispiele für eine Überschreitung dieser Schwellen gibt.[16] So ist beispielsweise im Dritten Zeitalter Mittelerdes ja das Schwarzpulver auch schon erfunden worden, denn die Zauberer Gandalf und Saruman verstehen sich beide auf dessen Nutzung. Entscheidend ist aber nicht der technologische Stand, sondern die Magie als eines Faktums – Fantasy erzählt Geschichten, in denen Magie *wirklich funktioniert*.[17] Die Existenz und Macht übernatürlicher Kräfte ist in Fantasysettings ein *nachweisbares Faktum* (Waggoner 1978, 10).[18] Magie wird zu allen möglichen Zwecken genutzt und oftmals auch auf den Status eines bloßen Werkzeuges reduziert. Magie vermag auch fast alles zu bewirken, es herrscht aber ein ungeschriebenes Gesetz im Genre, dass Magie nur dann sinnvoll ist und die Spannung einer Geschichte zu erhalten vermag, wenn sie bestimmten Gesetzen und Restriktionen gehorcht, die es ermöglichen, echte Herausforderungen in die

26

Erzählungen einzubauen (vgl. Clute/ Grant 1997, 615f.). Das Wesentliche ist dabei nun natürlich nicht der Werkzeugcharakter der Magie (vgl. Waggoner 1978, 22). Im Rahmen einer Abenteuergeschichte ist es zunächst einmal egal, ob der Held mit magisch erzeugten Feuerpfeilen beschossen wird oder sich unter einem Kugelhagel ducken muss. Das Wesentliche ist, dass mit Hilfe der Magie auch wieder ein Bruch mit der Realität erzeugt wird, wie dies schon durch die imaginäre Welt und den übermenschlichen Helden geschah. Fantasy begibt sich immer auch auf das Gebiet der Metaphysik.

Es handelt sich in allen drei die Fantasy inhaltlich umschreibenden Elementen um die Einführung bzw. Nutzung des Phantastischen als eines die Realität des weltlichen Publikums überschreitenden Moments.[19] Das unterscheidet sie insbesondere von der gerne in einem Atemzug mit erwähnten Science Fiction, ihrer literarischen Schwester aus dem Bereich der „spekulativen Fiktion" (Heinlein 1953, 1188), die aber bei aller möglichen Exaggeration ihrer Ideen im Rahmen einer zumindest theoretischen wissenschaftlichen Plausibilität bleiben muss. Dieser Beschränkung unterliegt die Fantasy nicht. Science Fiction trifft unter Umständen wildeste Annahmen über die Entwicklung der physischen Realität, während Fantasy Aussagen über die metaphysische Realität trifft. Das Übernatürliche ist immer Teil und Thema einer Fantasyerzählung.

Conditio sine qua non für die Fantasy als Genreliteratur ist damit das Übernatürliche als Handlungsbestandteil, das in den meisten Fällen, wenn auch nicht immer, durch das Vorhandensein der drei genannten Bestandteile Held, imaginäre Welt und Magie eingeführt wird. Das Übernatürliche ist also in der Fantasy vorhanden und es ist wirksam – es ist eine Tatsache mit dem ontologischen Anspruch auf Faktizität, auch wenn es mit dem realweltlichen Vokabular und Erkenntnisstand nicht erklärt und rational verstanden werden kann. Robert A. Heinlein hat es deshalb auch einmal „unexplained impossibility"[20] genannt (Heinlein 1953, 1188). Damit sind die Fantasy und die von ihr beschriebenen Ereignisse und Welten definitiv nicht Bestandteil der empirischen Welt, die wir als unsere Lebenswelt miteinander teilen. Fantasy ist immer auch Metaphysik, ihre Erzählungen sind metaphysisches Spiel oder Spekulation. Und daraus lässt sich nun doch eine Definition von Fantasy ableiten, genauer gesagt zwei Definitionen, eine weitgefasste und eine engere Definition. Zuvor ist jedoch noch auf einen wichtigen Umstand hinzuweisen.

Die Faktizität von metaphysischen Bestandteilen ist allein nicht ausreichend, um Fantasy zu beschreiben. Auch Lewis Carrolls *Alice* wird im Wunderland mit übernatürlichen Ereignissen und Umständen konfrontiert. Auch Jonathan Swifts *Gulliver* begegnet auf seinen, so grandios fälschlich als Kinderbuch unterqualifizierten, Reisen dem Phantastischen. Aber Swift wie Carroll beabsichtigen nicht, eine neue, phantastische Welt zu erfinden, die der Leser betreten soll.[21] Alice wie Gulliver halten den Leserinnen und Lesern einen Spiegel der realen Welt vor und benutzen die Phantastik ‚nur‘ als Vehikel für die Erkenntnis der besonderen Umstände und Unzulänglichkeiten des menschlichen Lebens. Fantasy tritt demgegenüber mit dem Anspruch auf, ‚wahre‘ Geschichten zu erzählen. Wahr sind die Erzählungen in dem Sinne, dass das Erzählte als real präsentiert wird und Ansprüchen an werkimmanente Konsistenz und Folgerichtigkeit genügt: Was der Autor, die Autorin da erzählen, ist innerhalb der Geschichte wahr und entspricht den Gesetzmäßigkeiten dieser Welt (vgl. Tolkien: *On Fairy Stories*, 36). Wobei die Folgerichtigkeit besonders zu betonen ist, denn ohne sie wirkt die Geschichte als Geschichte nicht. Was C.S. Lewis über Märchen sagt, trifft uneingeschränkt auch auf die Fantasy zu: „The logic of a fairy-tale is as strict as that of a realistic novel, though different“ (Lewis 1975, 13). Wahrhaftigkeit und Folgerichtigkeit lassen sich zur Ernsthaftigkeit zusammenfassen und Ernsthaftigkeit ist vielleicht die beste Umschreibung für den Wahrheitsanspruch des Phantastischen und Transzendenten in der Fantasy. Ist diese Ernsthaftigkeit nicht gegeben, handelt es sich nicht um Fantasy.

Im Zusammenhang mit der Ernsthaftigkeit oder inneren Wahrheit unterliegt übrigens die humoristische Fantasy keinem Zuordnungsproblem. Geschichten wie der *Scheibenwelt*-Zyklus von Terry Pratchett, der *Dämonen*-Zyklus von Robert Asprin, die *Bannsänger*-Geschichten von Alan Dean Foster, die *Turai*-Geschichten von Martin Scott oder die Computerspielreihen *Simon the Sorcerer* und *Quest for Glory* sind Fantasy. Sie erzählen zwar Geschichten, deren Sinn in erster Linie darin besteht, durch ihre lustigen Inhalte zu unterhalten und Schmunzeln bis lauthalses Lachen hervorzurufen, doch die Geschichten spielen in Welten von innerer Konsistenz und mit dem Anspruch als Welt oder Universum ernst genommen zu werden, ganz wie Mittelerde oder Krynn. Anders ist dies bei Werken, die wirklich *nur* Parodie sind, etwa *Bored of the Rings* oder *Barry Trotter*, wo es sich schon angesichts des Titels erübrigt, auszuführen, was denn da parodiert wird. Das ist reines Lustspiel oder Comedy, die mit Versatzstücken der Populärkultur – und Teil der Populärkultur sind *Harry Potter* und *Der Herr der Ringe* ohne Zweifel auch – einzig zu dem Zweck arbeitet, um Aufmerksamkeit auf sich und die meist sich stark auf die reale Welt beziehenden Gags zu lenken.[22]

Damit sind jedoch noch längst nicht alle Probleme aus der Welt geräumt, die sich bei der Eingrenzung von Fantasy ergeben. Auch andere Werke weisen Übernatürliches[23] als zentralen Inhalt einer Erzählung, eines Stückes, eines Filmes auf und gehören doch nach landläufiger Meinung nicht zur Fantasy. Als Beispiel mag hier die Horrorliteratur dienen. Sie bedient sich in Form von Geistern, Toten und Untoten, Dämonen, Vampiren und tausenderlei anderen Figuren exzessiv übernatürlicher Elemente und doch gilt der Horror zu Recht nicht als Fantasy. Ein wesentlicher Grund dafür ist, dass das Übernatürliche des Horrors meist in die reale Welt einbricht und in ihr wirkt, so dass das imaginäre Element und der Bruch mit der Realität nicht in völliger Konsequenz vollzogen wird. Umgekehrt kann dann die Fantasy dadurch charakterisiert werden, dass das Übernatürliche für die Protagonisten wie auch für die Lesenden zu einem vertrauten Umstand wird (vgl. Manlove 1975, 9), auch wenn es in erschreckender Form auftreten sollte.[24] Ein anderer wichtiger Grund ist, dass in der Fülle der Horrorliteratur das Übernatürliche – also der Untote und die Dämonen – nur Werkzeug ist, das auf die Protagonisten einwirkt (vgl. Waggoner 1978, 11f.). Eigentlich wichtig sind die Reaktionen und die gemachten Erfahrungen der Protagonisten, doch die hätte die Autorin, der Autor auch durch andere Mechanismen bewirken können, etwa rein psychische Einflüsse wie in Stephen Kings *Shining*, einem gänzlich ohne Übernatürliches auskommenden Klassiker des Horrorgenres.[25] Was ich gerade über den Horror ausführte, lässt sich in ähnlicher Form auch über die Robinsonade, die imaginäre Reise, einige Formen der Science Fiction und andere Spielarten der phantastischen Literatur sagen. Worauf man sich definitionstechnisch im Falle der Grenzfälle wohl verständigen sollte, ist, dass es erstens der Hauptcharakter eines Werkes sein sollte, der über seine Zuordnung zu einem bestimmten Genre entscheidet und dass es zweitens eben nicht immer zweifelsfrei entscheidbar ist, welcher Literaturgattung eine bestimmtes Werk angehört.

Fantasy, Definition I

Beruhend auf dem Charakteristikum, dass Fantasy metaphysische Annahmen als Faktum hinstellt und weder ironisch noch in anderer Weise bricht, kann in einer weitgefassten Definition von Fantasyliteratur all das als zur Fantasy gehörig gefasst werden, das ebensolche Annahmen enthält und als Tatsache aus-

30

gibt. Was erzählt wird, enthält Übernatürliches und ist dementsprechend unter normalen Umständen unmöglich ("impossible in the world as we perceive it"; Clute/ Grant 1997, 338). So gesehen sind dann nicht nur *Der Herr der Ringe* oder die derzeit ungeheuer populäre Filmreihe *Fluch der Karibik* oder die *Harry Potter*-Romane mit ihrer Parallelweltannahme Fantasy, sondern auch die *Bibel*, der *Koran* und eine ganze Reihe anderer Erzeugnisse menschlicher Wissens- wie Erzählkultur, denn "the Bible and Classical literature [...] are equally mythological as far as literary criticism is concerned" (Frye 1990, 54). Bücher wie den *Koran* oder die *Bibel* in die Fantasyliteratur aufzunehmen, deren Einfluss jegliches andere Erzeugnis menschlicher Schaffenskraft, sei es beispielsweise Marx´ *Kapital* oder Einsteins Relativitätstheorie, bei weitem übertreffen, mag zunächst aufstoßen, ist jedoch von zwingender Folgerichtigkeit, da in allen Religionsschriften die Existenz des Numinosen, des Transzendenten, der Metaphysik ebenso erklärt wie vorausgesetzt wird und sie oftmals zudem typische Fantasymotive aufweisen:

"Bücher wie Hesekiel, Daniel und die Offenbarung des Johannes [...] sind durchwirkt mit Fantasygeschöpfen und allegorischen Darstellungen. Verpflanzte man die Drachen und vielköpfigen Bestien aus der Heiligen Schrift in einen Fantasyroman, dann würden sie dort nicht weiter auffallen – sie gehörten wie selbstverständlich zum fantastischen Inventar" (Isau 2002, 1f.).

Religiöse Schriften und Erzählungen, die das Numinose auf leicht verständliche Art erklären müssen, um eine möglichst große Breitenwirkung zu erzielen, nehmen diese Motive gerne zu Illustrationszwecken auf: "Some of the most beloved stories, those most likely to be passed from folk to folk, were co-opted by religion" (McKiernan 2005). Es ist allemal eindrucksvoller, den Heiligen Georg einen Drachen töten als ihn abstrakte Konzepte im Diskurs verteidigen zu lassen. Werke wie

Bibel und Koran bedienen sich im Fundus der Mythen; sie sind selbst mythischer Natur und weisen deshalb auch eine große Ähnlichkeit mit der Fantasy auf, die, wie im nächsten Kapitel gezeigt werden wird, ebenfalls dem Mythos entspringt.

Diese Breite der Fantasymotive und des Übersinnlichen in der Literatur wiederum verweist aber auch darauf, dass die weitgefasste Definition von Fantasy nicht befriedigen kann, da sie, zuzüglich aller möglichen Missverständlichkeiten, das Genre nicht scharf genug umreißt. Trotzdem ist die weite Fassung nötig, da sie den Blick unerbittlich auf die unabdingbare Zusammengehörigkeit von Erzählung und Übernatürlichem als metaphysischem Inhalt der Fantasy lenkt.

Eine engere Definition von Fantasy setzt nun natürlich auch die Faktizität des Übernatürlichen als notwendige Bedingung für die Definition von Fantasy voraus. Doch was sind dann diejenigen Bedingungen, die erfüllt sein müssen, um das Genre befriedigend einzugrenzen und so zu dem Kern zu kommen, mit dem sich die vorliegende Einführung befassen will? Formale Kriterien scheinen dafür, wie ausgeführt, nicht angemessen, viel mehr sind es inhaltliche Faktoren, die den Ausschlag für die engere Definition von Fantasy geben werden.

Fantasy, Definition II

Die entscheidende Bedingung der engeren Definition von Fantasy ist, dass die Geschichten und Erzählungen eben solche sind – Geschichten, Erzählungen, Romane in Form von Texten, Malerei, Comics, Filmen, Spielen, Musikstücken, die keinen nach außen weisenden Anspruch auf Wahrhaftigkeit erheben. Clute und Grant sprechen in dem Zusammenhang von ,Narrativem' und fassen ebenfalls alle möglichen Ausdrucksformen unter ihre Definition von Fantasy (vgl. Clute/Grant

32

1997, 338).

Oben wurde die Ernsthaftigkeit angesprochen, die Fantasy in Form eines innerhalb ihrer Geschichten liegenden Wahrheitsanspruches aufweisen muss: Was der Autor, die Autorin da erzählen, ist innerhalb der Geschichte wahr. Dieser Wahrheitsanspruch gilt jedoch nur für die erschaffene fiktionale Welt.[26] Ursula Le Guin unterscheidet treffend: „fantasy is true, of course. It isn't factual, but it is true" (Le Guin 1979, 44). Kein Erzeugnis der Fantasy[27] erhebt für sich den Anspruch, auch nach außen hin wahr zu sein, also Realität darzustellen. Kein Mensch bei klarem Verstand, erst recht nicht die Autorinnen Margaret Weis und Tracy Hickman oder Raymond Feist und Janny Wurtz, behauptet, dass die Welt der Drachenlanze, Krynn, oder die Welten der *Riftwar*-Saga, Midkemia und Kelewan, wirklich Bestandteil unseres real existierenden Universums seien. Das gleiche gilt für Fantasywelten und -bereiche, die angeblich Bestandteil der realen Welt sind oder waren. Tolkien hat Mittelerde nicht ernsthaft als historische Realität aufzeigen wollen. Lord Dunsany hat vom Lande Erl nur behauptet, dass es irgendwo auf unserer Welt läge und doch war immer klar, dass dies in Wirklichkeit natürlich nicht zutrifft. Und entgegen anders lautender Berichte dürfte es wohl niemanden geben, der auf dem Bahnhof King's Cross ernsthaft nach dem Zugang zum Bahnsteig $9^{3/4}$ sucht. Die Geschichten der Fantasy geben sich als Fiktion zu erkennen.

Das ist bei vielen Beispielen für Schriften oder Gedankengebäude aus der weiten Definition von Fantasy nicht der Fall. So ist genau das bei religiösen Schriften nicht der Fall, die ja gerade davon überzeugen wollen, dass insbesondere ihre Aussagen über die Verfasstheit der außerhalb der empirisch erfassbaren Realität gelegenen Gebiete wahr sind. Selbiges gilt auch für den Großteil der Schriften, die sich mit der Exegese religiöser Behauptungen befassen und damit in die Philosophie hineinragen, wie etwa die Schriften der alten Kirchenväter. Das ist auch bei einer Unzahl genuin philosophischer Schriften wie der *Politeia* Platos und der *Metaphysik* des Aristoteles, um nur zwei wirklich herausragende Beispiele zu nennen, nicht der Fall. In ihnen werden Theoriegebäude errichtet, innerhalb derer metaphysische Inhalte in selbstverständlicher Weise als Tatsachenaussagen behandelt werden. Dass ist dann erst recht nicht der Fall in pseudophilosophischen Schriften wie beispielsweise den Werken von Vertretern des höheren Aberglaubens aus dem Bereich der Esoterik, oder den jüngeren, sich von der allgemeinen Pseudowissenschaftlichkeit abkehrenden und dem Jenseitigen zuwendenden Arbeiten Erich von Dänikens, oder einigen Auswüchsen die um die – ebenso – pseudowissenschaftlichen Arbeiten von Baigent & Leigh und den Gral, das Kreuz, Maria und was auch immer entstanden sind. In all diesen Fällen, auch und gerade denen der letztgenannten „phantastische[n] Sachtexte" (Pesch 2001, 55), werden Behauptungen über den transzendentalen Charakter von Dingen oder Umständen als Tatsachenbehauptungen aufgestellt. Und das behaupten Werke der Fantasy allenfalls als Stilmittel von sich, nicht aber in ernsthafter Weise.[28]

Anzumerken ist in Bezug auf weite und enge Definition allerdings noch, dass Werke aus der weiten in die enge Definition fallen können und eventuell auch wieder umgekehrt. Wie ist es nämlich einzuschätzen, wenn ehedem als Tatsachenbehauptung auftretende Sagen, Religionsschriften oder Überlieferungen nicht mehr geglaubt werden? Beispiele dafür sind etwa die Überlieferungen aus der nordischen Götterwelt oder das Popol Vuh, das heilige Buch der Maya, die beide heute gemeinhin als Mythos angesehen werden, an den nicht mehr geglaubt wird. Von der Möglichkeit des Wechsels aus einer in die andere Definitionsfassung, also eines Statuswechsels von nach außen gerichtetem Tatsachenanspruch nach innen und umgekehrt, ist kein Werk gefeit, es könnte auch der Bibel passieren und hat in gewissem Maße auch schon begonnen. Und zwar immer da,

34

wo Berichte über das Übernatürliche als Metaphern und Allegorien gedeutet werden. Diese Sichtweise ist in der säkularen Wissenschaft Standard, etwa in der Psychologie, wo als Beispiel jetzt nur C.G. Jungs *Antwort auf Hiob* genannt werden soll. Doch auch die Religionswissenschaft beginnt Erscheinungen des Übernatürlichen in der Schrift zu relativieren, etwa in den apologetisch auftretenden Betrachtungen der *Dunklen Seiten Gottes* der Theologen Walter Dietrich und Christian Link.[29] Jüngere Entwicklungen im Rahmen der Wiederentdeckung alter Pantheons haben zudem dazu geführt, dass es durchaus wieder Gruppen von Menschen gibt, die nach eigener Aussage an die nordischen oder mittelamerikanischen Mythen und andere Überlieferungen ernsthaft glauben und auch die damit verbundenen Götter anbeten sowie die Existenz der jeweiligen metaphysischen Weltbilder als gegeben ansehen. Derartige Entwicklungen des Changierens bestimmter Inhalte zwischen weiter und enger Definition sind möglich und im Falle des Interesses an ihnen gesondert und als einzelner Fall zu betrachten.

Frye berücksichtigt diese Fälle in seiner Diskussion des Mythos und der Romanze, die in weiten Teilen genauso definiert sind wie die Fantasy in diesem Buch, indem er zusätzlich zwischen „sakralen" Texten und „säkularen" Textwerken unterscheidet. Sakrale Texte sind mythische Texte, an die (noch) geglaubt wird, wie die Bibel und der Koran, während säkulare Texte alle Romanzen und diejenigen Mythen sind, an die nicht mehr geglaubt wird, wie etwa das Popol Vuh oder die griechischen und römischen Göttersagen (vgl. Frye 1976, 8f. u. 16).

Eine weitere Anmerkung ist dahingehend angebracht, dass es natürlich auch andere Annäherungsweisen an die Fantasy (und daraus entwickelte Definitionen) gibt, die sinnvoll und zu Recht entwickelt wurden, hier jedoch nicht weiter berücksichtigt werden, weil sie den Charakter des Phänomens Fantasy meiner Meinung nach nicht so gut erfassen wie die eben entwickelte Definition. Erwähnt und von mir für diese Einführung verworfen wurde die rein literaturwissenschaftliche Untersuchung der Form oder der Strukturelemente von Fantasy, die sich darum bemüht, das Genre allein auf Grund seiner textuellen Erscheinungsform zu erfassen. Ein Beispiel dafür ist etwa die maßgebende Arbeit Todorovs über die Phantastik *Einführung in die fantastische Literatur*. Die Vorgehensweise hat bestimmte literaturtheoretische Vorteile, ist jedoch nicht in der Lage, dem Phänomen Fantasy und seiner Wirkung gänzlich gerecht zu werden, das als Phänomen unbedingt auch anhand seiner Inhalte eingeschätzt werden muss (zumal auch Todorov nicht ohne inhaltliche Bestimmungen auskommt; vgl. 1975, Kap. 6-9).

Eine allerdings inhaltliche Herangehensweise, die ich aber hier nicht berücksichtige, beinhaltet all jene vielfach vorgenommenen Zugangsweisen, die sich auf die Psychoanalyse stützt und sich dabei im Wesentlichen auf Freud und dessen Nachfolger beruft. Hier wird – wohl schon wegen der Phantastik der Motive – nach im Unbewussten der Autorinnen und Autoren wurzelnden Gründen für die literarische Nutzung dieser Motive gesucht. Beispiele dafür sind das berühmte Buch *Der Heros in Tausend Gestalten* von Joseph Campbell oder weite Teile aus *Fantasy. The Literature of Subversion* von Rosemary Jackson. Dass unbewusste Einflüsse beim Schreiben, vielleicht sogar besonders der Erzählungen der Fantasy, auch existieren, sei nun natürlich gar nicht abgestritten. Immer besteht dabei aber die Gefahr, dass das eigentlich zu untersuchende Werk gänzlich hinter dem Autor verschwindet: „Psychoanalytiker [...] haben [...] stets dahin tendiert, die Literatur als einen Weg unter anderen anzusehen, um zur Psyche des Autors vorzudringen. *Die Literatur sieht sich also in den Rang eines schlichten Symptoms verwiesen*, und der Autor bildet das wahre Studienobjekt" (Todorov 1975, 135; meine Hervorhebung.)

Eine alleinig psychoanalytische Interpretation vergisst zudem erstens, dass es auch wichtige *bewusste* Gründe für die In-

36

halte von Fantasyerzählungen gibt. C.S. Lewis führt überzeugend aus, dass es gerade innerhalb der Fantasy den Autorinnen und Autoren auch darum geht, ganz bewusst etwas zu erschaffen, zu formen und zu gestalten[30] (Lewis 1975, 50f.). Möglichkeiten dazu stellt die Fantasyliteratur mehr als alle anderen zur Verfügung. Zweitens geht es in diesem Buch immer auch darum, was die Fantasy für die Lesenden, Schauenden, Spielenden bedeutet und dann greift die psychoanalytische Deutung schon allein auf Grund der Unbeobachtbarkeit der millionenfachen Rezeptionsfälle nicht mehr. Dass diese Vorgehensweise nicht unbedingt zu der Literatur passt, die eingangs dieses Abschnitts anhand der prototypischen Beispiele *Der Herr der Ringe*, *Conan* und *Harry Potter* eingeführt wurde, zeigt schon, dass Jackson diese Werke in ihren Untersuchungen etwas außen vor lässt und stattdessen Interesse an ganz anders gearteter phantastischer Literatur findet und sich mit Autoren wie Franz Kafka, Joseph Conrad und Fjodor Dostojewski beschäftigt (vgl. Jackson 1981, 9f.). Zudem scheint mir Freud, wenn es schon um die psychoanalytische Deutung von Fantasy geht, nicht unbedingt der beste Kronzeuge der Kritik zu sein, erweist sich doch C.G. Jung mit seiner am mythischen Denken und Fühlen orientierten Archetypenlehre als ungleich ergiebiger, um das Wesen des Genres zu beschreiben und gegebenenfalls sogar dingfest zu machen.

Damit ist eine handhabbare *Definition von Fantasy* erreicht. Fantasy ist demnach ein literarisches (sowie mehr und mehr auch cineastisches und in weiteren Ausdrucksformen auftretendes) Genre, dessen zentraler Inhalt die Annahme des faktischen Vorhandenseins und Wirkens metaphysischer Kräfte oder Wesen ist, das als Fiktion auftritt[31] und auch als Fiktion verstanden werden soll und muss.[32] Fantasy ist, wie auch das Märchen und der Mythos, „metaphysische Literatur" (Suvin 1979, 42). Diese Definition ist immer noch sehr weit gehalten und kann unter ihrem Dach eine Vielzahl von Erscheinungs-

37

formen der Fantasy beherbergen. Tatsächlich ist das Feld der Fantasy auch recht groß und hat eine ganze Reihe von weiteren Untergattungen oder Typen ausgebildet, etwa High Fantasy, Sword & Sorcery oder Science Fantasy. Doch dazu später mehr.

Wenn man sich nun wieder in den erwähnten Buchladen zurück begibt, so wird man auf den Regalen dort in den allermeisten Fällen unter dem Rubrum ‚Fantasy‘ Werke finden, die zudem die eingangs dieses Abschnitts erwähnten Elemente des Helden, der imaginären Welt (oder Region) und der Magie enthalten. Die allermeisten Fantasygeschichten erzählen eben genau davon. Als solches sind Held, Welt und Magie von großem praktischem Klassifizierungsnutzen. In der theoretischen Betrachtung wird man das Wesen der Fantasy aber nicht ohne die Berücksichtigung des ontologischen Status ihrer Metaphysik, also dass das Übernatürliche ein Fakt ist, und des besonderen, im Binnen- wie Außenverhältnis sich differenzierenden Wahrheitsgehaltes seiner Inhalte begreifen können.

Das Übernatürliche ist aber nicht nur das entscheidende inhaltliche Merkmal der Definition von Fantasy – das erste und wichtigste Definiens des Definiendums Fantasy also –, es ist vor allem für die besondere Wirkung der Literatur des Genres verantwortlich und in ihm findet sich dann auch das Gemeinsame des Sinns[33], den Fantasy überhaupt hat.

Die Anwesenheit des Übernatürlichen als Fakt sorgt für die Verzauberung und die, von einer empirischen Warte aus gesehene, Irrealität der Erzählungen, die aber darauf hinweist, dass es neben der physischen Realität unseres materiellen Universums – zumindest der Idee und den Glaubensrichtungen nach – noch etwas anderes gibt, das jeder Mensch für sich nach eigenen Bedürfnissen füllen kann.

Man muss meines Erachtens davon ausgehen, dass es ein in der Psyche der Menschen angelegtes Bedürfnis nach Metaphysik und von die Erfahrungsgrenzen überschreitenden

Erklärungsmustern gibt, auch wenn dies nicht bei allen Personen zum Tragen kommt. Dieses Bedürfnis wird von übernatürlichen Inhalten und Themen bedient und primär auf einer emotionalen Ebene[34] verarbeitet. Es entsteht eine affektive Beziehung von Erzählung und Publikum, der die Vielzahl der möglichen subjektiven Bedeutungen entspringt, die – neben der Unterhaltungsqualität – als eine Erklärung für die Attraktivität der Gattung dient. In der kommunikationswissenschaftlichen Terminologie der Medienwirkungsforschung des uses & gratifications approach gesprochen, besteht meines Erachtens der Nutzen des Konsums eines Medienerzeugnisses aus dem Bereich der Fantasy – das kann natürlich neben dem Buch genauso der Film, das Spiel, Musik oder ein Kunstwerk sein – erstens darin zu unterhalten und zweitens das in der Psyche wurzelnde Bedürfnis nach Realitätsüberschreitung zu befriedigen. Die Bereicherung kann dabei von unterhaltender Träumerei bis zum Gewinn umfassender subjektiver Sinnstiftung reichen. An einem Ende dieser Skala mag auch der nüchternste Charakter ab und an ein bisschen mit der Realität spielen wollen und Magie und Drachen in anderthalbstündiger Filmform zur Entspannung nutzen. Am anderen Ende der Skala mag, aus Anlass der Rezeption von Fantasy, das ganze Leben auf bestimmte metaphysische Überzeugungen hin neu ausgerichtet worden sein.

Fantasy und Mythos

Die zentrale Rolle des Übernatürlichen in der Fantasy findet sich auch im Mythos, der Keimzelle aller phantastischen Literatur:[35] „Imaginative fiction took shape in the myths and legends of ancient times" (Sprague de Camp 1976a, 7) - „myths are thus the basis of story-telling" (Clute/ Grant 1997, 675). Und

39

Schneidewind sagt zu Recht: „Was immer man genau unter phantastischer Literatur und Fantasy versteht, eines zeichnet diese stets aus: So gut wie immer finden wir darin Topoi oder Motive aus älteren Mythen" (Schneidewind 2007, in Vorbereitung).

Der Mythos ist ebenfalls eine auf das Übernatürliche zwingend zurückgreifende Erzählung, die allerdings Anspruch auf externe Wahrhaftigkeit erhebt oder zumindest zu ihrer Entstehungszeit erhob; er hatte anerkanntermaßen den Status eines „Sachtextes" inne (Rühling 1997, 29). Denn bis in das Mittelalter hinein war der Mythos *das* Mittel zur symbolisch vermittelten Welterklärung, der auf den ersten Blick vielleicht ‚nur‘ von fabelhaften und magischen Dingen in vergangenen Zeiten oder außerhalb der empirischen Welt berichtete, aber in einem zweiten Schritt seine Zuhörerinnen und Zuhörer in eine mythologisch mediierte Beziehung zu einem ansonsten unerklärlichen Universum setzte. Der Mythos entspricht somit der weiten Definition von Fantasy.

Als ‚Sachtext‘ diente der Mythos ursprünglich dem besseren Verständnis der Welt in einer besonderen Form. Er erzählte zwar vermeintliche Fakten, wenn er von Göttern und Dämonen und ihrem Einfluss auf das Leben der Menschen berichtete, seine eigentliche Rolle war jedoch nicht, die sicher auch schon damals nicht ganz ohne Zweifel angehörten Geschichten über Stier- und Löwenmenschen, fliegende Pferde und schlangenleibige Kriegerinnen zu kolportieren. Vielmehr ging es im Mythos immer darum, durch die phantastische Erzählung Sinn zu vermitteln und den schutzlos in der Welt treibenden Menschen mit eben dieser Welt zu versöhnen, die ihm sein Leben in Form von Naturkatastrophen, Krankheiten, Hungersnöten, feindlichen Nachbarn und despotischen Herrschenden gleichermaßen zum Rätsel wie zur Hölle machen konnte.

Die Fantasy bedient sich nun des Mythos erstens in Form einer Fundgrube der Bilder und Metaphern (oder auch als einer

„Quelle von Symbolen"; Waggoner 1978, 21): Es ist auch in der modernen Fantasy kaum eine Figur zu finden, die nicht in den alten Mythen auftaucht; seien dies Drachen bei Harry Potter, Zwerge in Mittelerde, lebende Mumien bei Conan, Pegasi in Erl, Riesen bei Thomas Covenant, schönste Elfen im Albenland, mörderische Dunkelelfen im Geborgenen Land oder durchgeknallte Zentauren als Q-Ersatz in der Zentralen Untergrund-Polizei und Step-Aerobic-Feen in der Bekanntschaft von Jon-Tom Meriweather – alles ist in den Mythen schon einmal da gewesen (wenn auch nicht gerade in einer verhohnepipelten Form wie bei Eoin Colfers Zentauren und Alan Dean Fosters Feen). Doch die phantastischen Figuren, ebenso wie unwirkliche Landschaften mit bergauf fließenden Flüssen, fliegenden Bergen und Ähnlichem sind bloße Werkzeuge oder Vehikel, um die Grenzen der Realität offensichtlich auflösen und in die Phantastik vorstoßen zu können.

Wichtiger aber ist der Mythos zweitens auch für die Fantasy in seiner sinnstiftenden Funktion. Das heißt nun nicht etwa, dass moderne Fantasy funktional mit einem Welterklärungsanspruch und also wie ehedem als ‚Sachtext' aufträte – das geht nicht mehr (vgl. Waggoner 1978, 6ff.). Es heißt aber, dass sich Fantasy darum bemüht, eine Stimmung zu erzeugen, die den Rezipierenden von Buch, Film, Comic, Musik und Spiel nicht nur in eine andere Welt versetzt – das tut die Spionageerzählung auch, wenn sie die Zuschauer mit Rollo Martins das Nachkriegs-Wien nach Harry Lime durchsuchen lässt. Es geht vielmehr darum sie oder ihn in eine Welt zu versetzen, die mit einem faktischen transzendentalen Überbau ausgestattet ist und so das Bedürfnis nach Transzendenz und metaphysischer Wirklichkeit zu bedienen, wenn auch nur mehr als Spiel und Experiment. Und darin findet Fantasy ein Alleinstellungsmerkmal: sie ist die einzige Literaturform, die diese Weite der Thematik aufweist und ernst nimmt und die mit der Einbeziehung des Übernatürlichen in die Unendlichkeit verweist, weshalb

41

Mathews sie auch die Literatur der unendlichen Möglichkeiten nennt („Fantasy enables us to enter worlds of infinite possibility"; Mathews 2002, 1). Lin Carter erklärt in diesem Sinne: „We read fantasy because we love it; we love it because we find it a source of the marvel and mystery and wonder and joy that we can find nowhere else" (Carter 1973, 1).

Fantasy geht es immer auch darum, etwas Unsichtbares, etwas hinter der physischen Welt (meta ta physika!) liegendes sichtbar zu machen und Grenzen zu überschreiten (Jackson 1981, 48). Fantasy ist dann nicht mehr im gleichen Maße wie der Mythos um Sinnstiftung bemüht – obwohl sie dies vielleicht auch erreicht mit ihren Parabeln, Allegorien und der Überzeugungskraft ihrer Bilder. Aber Fantasy bricht bewusst aus der realen Welt aus, um auf die unendlichen Möglichkeiten der Imagination zu verweisen (vgl. Mathews 2002, 1f.), die als geistige Leistung, wenn auch physisch intangibel, Realität wird. Insofern bleibt in der modernen Fantasy etwas von der Kraft des Mythos und des mythischen Denkens erhalten: das Bemühen um eine Verbindung von Realität und Phantasie; letztere verstanden als freies Spiel des Geistes mit der Möglichkeit,[36] das die nüchterne Realität so nicht zuzulassen vermag. Auf Grund dieser engen Verbindung von Fantasy und Mythos scheint es mir wichtig, einen Exkurs über den Mythos und das mythische Denken anzuschließen, bevor ich auf die Geschichte und Entwicklung der Fantasy eingehe, die sich dann auch als abhängig von der Geschichte des Mythos erweisen wird.

42

3. Vom Mythos

An ample cloak against the chill of space.

Von welcher praktischen Bedeutung aber ist eigentlich die enge Verbindung von Mythos und Fantasy für das Genre, besonders aber für die Rezipierenden? Oder, anders gefragt, was haben wir eigentlich heute noch von Mythen? Diese Frage stellt sich im Anschluss an die im vorigen Abschnitt angestellten Überlegungen zur Definition von Fantasy, denn Fantasy ist in einem gewissen Sinne auch Mythos, wenn auch ein Mythos mit einem ‚Augenzwinkern'.

Wir leben, zumindest im Alltag, ein eher nüchternes und zu großen Teilen von rationalen Anforderungen bestimmtes Leben,[37] das mit Blick auf das tägliche Funktionieren müssen wenig Raum für die anderweltlichen Elemente des Mythischen lässt. Und Übernatürliches, Transzendenz und die Überschreitung der Realität bzw. des in der Realität Möglichen sind das wesentliche Gemeinsame, das alle Mythen verbindet. Welchen Platz aber hat der Mythos in einer Welt, die keine Magie gelten lässt und im Alltag auch schlecht gelten lassen kann, denn nach allem, was wir so sagen können, funktioniert sie ja nun wirklich nicht?

Das war in einer vorrationalen Welt, die noch ohne zu zweifeln an Götter und die Wirkkraft transzendenter Kräfte glaubte, natürlich ganz anders und der Mythos hatte eine dem Logos gleichrangige Bedeutung für das Leben. Der Mythos war ein anderes *Wissen* als der Logos, aber er war als solches eine undisputierte Wissensform: Logos und Technik erlaubten es den römischen Ingenieuren und Handwerkern eine riesige Flotte von Frachtschiffen zu bauen, die das in Nordafrika angebaute Getreide nach Rom schaffte, das für die Versorgung einer Millionenstadt benötigt wurde; der Mythos erklärte zufriedenstellend, warum alle Ingenieurs- und Handwerkskunst nicht half, wenn die Götter beschlossen, die Flotte im Sturm zu versenken und die ewige Stadt einer Hungersnot zu überantworten. Heutzutage hilft der Logos, Schiffe zu bauen, die unsinkbar sein sollen, und wenn sie dann doch auf dem Meeresboden landen, so ist es nicht mehr der Mythos, der tröstet, sondern die rational durchkalkulierte Versicherung, die den entstandenen Schaden mit Geld behandelt. Die Welt der Moderne ist dem Mythos entwachsen, wie es scheint.

Dass das falsch ist, wissen wahrscheinlich die meisten Menschen zumindest auf eine intuitive Weise. Dass das Mythische Bedeutung für uns haben muss, schon weil es die Mehrzahl aller Menschen anspricht und in ihnen irgendetwas zum Schwingen bringt, ist offensichtlich. Diese intuitive Gewissheit (eine von der Rationalität allerdings eher skeptische gesehene Erfahrungsweise; man traut sich gar nicht, von ‚Erkenntnis' zu sprechen) ist jedoch eine nicht sehr starke und vor allem eine individuelle, die es schon deshalb wert ist, sie genauer zu untersuchen und hinsichtlich möglicher intersubjektiv gültiger Bedeutungen und ihrer Verallgemeinerbarkeit und damit bezüglich ihrer gesellschaftlichen Rolle zu betrachten.

Mythos, Definition

Was ist unter einem Mythos zu verstehen? Eine einheitliche Definition des Mythos ist wie im Falle der Fantasy nicht zu finden. Die meisten Denkerinnen und Denker, die sich mit dem Mythos beschäftigten, kamen zu der Einsicht, dass sie wohl wiederum nicht möglich ist. Aber der Mythos lässt sich zumindest einigermaßen zuverlässig charakterisieren. Ein Mythos ist und war immer schon eine Erzählung, die mittels symbolischer Begrifflichkeit die Welt in ihrer materiellen vor allem aber auch spirituellen Verfasstheit „als ganze und in ihrer Ganzheit" (Frenschkowski 2006, 241) zu erklären versuchte. Heute

44

scheint zudem dazu zu kommen, dass es eine gewisse emotionale Zuwendung zum Mythos gibt, wie Clute und Grant meinen: „A myth is something we *like* to believe in but know is false" (Clute/ Grant 1997, 675; meine Hervorhebung.). Das mag an der Nüchternheit einer durch die Erkenntnisse der Naturwissenschaften immer besser erklärten Welt liegen.

In Prähistorie und Antike war der Mythos ein Mittel zur symbolisch vermittelten Welterklärung, der von fabelhaften und magischen Dingen in vergangenen Zeiten oder außerhalb der realen Welt berichtete. Er hatte den Anspruch, den metaphysischen Überbau der Realität zu erklären und die Menschen einerseits durch die Erzählung in das größere Ganze des materiellen wie des spirituellen Kosmos einzubetten und sie andererseits durch den metaphysischen Verweis mit ihrer beschränkten Lebenssituation (der Erfahrung von Leid, Begrenztheit, Wandel, Tod) zu versöhnen. In dieser Hinsicht war der Mythos immer auch Therapie. Von der ‚bloß' phantastischen Erzählung und der Fantasyliteratur, die ja der obigen Definition gemäß als Fiktion erkennbar sein muss, unterscheidet den Mythos genau dieser Punkt. Nach Frye ist der Mythos der fabelhaften Erzählung in der Struktur völlig gleich; die Differenz liegt in der Funktion: der Mythos besitzt „Autorität" und übt eine soziale Ordnungsfunktion aus (Frye 1976, 8).[38] Dazu ist es nötig, dass er geglaubt wird. Um diesen Zweck zu erfüllen, reicht es aber auch aus, dass der Mythos nicht öffentlich angezweifelt wird, er also nicht unbedingt wirklich und zwingend für offenbarte Wahrheit gehalten werden muss (16).

Die einzelnen Motive und Topoi des mythischen Denkens aufzuzählen, kann an dieser Stelle nicht geleistet werden. Zeitgleich zu diesem Buch erscheint jedoch in gleichem Verlag *Mythen und Phantastik* von Friedhelm Schneidewind, das sich genau damit beschäftigt und die Mythenbilder und Metaphern in Beziehung zur phantastischen Literatur setzt. Im Vorwort heißt es:

45

„...werden im Hauptteil in mehreren Abteilungen Motive und Topoi vorgestellt: aus Himmel, Erde und Anderswelten, aus der
Pflanzen- und Tierwelt, aus den Reichen der Fabeltiere und men-
schenähnlicher Gestalten, aus Götter- und Dämonenwelten und
den Sammlungen besonderer, oft magischer Waffen und Gegen-
stände. Zunächst wird stets erläutert, wo das entsprechende Motiv
in der phantastischen Literatur und eventuell der Filmkunst besondere Bedeutung erlangt hat; anschließend liegt der Schwerpunkt auf der Geschichte des Motivs in Mythologie und Legende,
Religionswissenschaft, Kunst und Literatur und auf seinen Wandlungen. Dabei werden nur jene mythologischen Motive behandelt,
die in der modernen Phantastik auch eine Rolle spielen" (Schneidewind 2007, in Vorbereitung).

Wichtig ist im Zusammenhang dieser Diskussion des Mythos, dass das mythische Denken, also das Denken in Begriff-
lichkeiten, die dem Mythos und der Mythologie entspringen,
„nicht einfach Erzählung ist, sondern mit dem ausgesprochenen Wort einen Wahrheitsanspruch verbindet; die Erzählung
bezieht sich auf die Wirklichkeit und vermittelt einen Sinn"
(Knatz 1999, 893). Doch mit dem wachsenden wissenschaftlichen Wissen über Welt und Universum wurde der Mythos immer weiter aus der Rolle des Welterklärers verdrängt. Es begann ein Kampf zwischen Mythos und Logos.

Mythos versus Logos

Die gewaltigen technischen Neuerungen und die politischen
wie gesellschaftlichen Verschiebungen, die ausgehend von der
Renaissance, über die Neuzeit bis in die Moderne geschahen,
führten, wie man seinerzeit allgemein annahm, zu einer ver-
drängenden Entwicklung vom Mythos zum Logos (vgl. Nesch-

46

ke 1983). Francis Bacon äußerte diese Gewissheit schon 1623 in einer Art „Unabhängigkeitserklärung" (Armstrong 2005, 113) der Wissenschaft: *De Dignitate et Augmentis Scientiarium (Über die Würde und den Fortgang der Wissenschaften)*, in der ein neues Goldenes Zeitalter beschworen wurde, das die Wissenschaft und deren Erkenntnisse errichten würden. Bewusst bediente sich Bacon damit eines uralten mythischen Topos, stand doch die Vorstellung eines Goldenen Zeitalters am Anfang der meisten Mythen der Menschheit (vgl. Eliade 1961, 88ff.). Diese Anspielung erscheint heute jedoch wie ein ironischer Wink des persistierenden Irrationalismus.

Fortgeführt wurden Gewissheiten baconscher Art dann durch Forscher und Denker wie Isaac Newton, Pierre-Simon Laplace oder den Begründer des Positivismus Auguste Comte sowie die große Mehrheit der Naturforscher überhaupt. Zwar gab es immer auch Denker und vor allem Künstler, die das Gefühl hatten, dass der Logos allein nicht die Gesamtheit des Seins und der Erfahrung zu erklären vermag. Dies drückt sich beispielsweise in den im Glauben wurzelnden Überzeugungen John Lockes über die richtige Verfasstheit eines Staates aus, im Unbehagen Blaise Pascals an der Himmelsmechanik Newtons oder in John Keats Vorwurf an denselben, dass er das Universum entzaubert und damit zu einem ärmeren Ort gemacht habe.[39] Gebrochen wurde die Gewissheit von der Bedeutungslosigkeit des Mythos aber nicht vor der Erfahrung der Weltkriege, des Totalitarismus und des Atomzeitalters, die den Glauben an die lineare Fortentwicklung der Menschheit erstmals seit Jahrhunderten nachhaltig erschütterten.[40] Der ehedem ungebrochene Fortschritts- und Rationalitätsglaube, insbesondere im Laufe der Industrialisierung, führte nicht nur zur vermeintlichen Verdrängung des Mythischen aus der Lebenswelt der Menschen in Europa und den USA[41], er führte auch zu der mehr oder weniger deutlich geäußerten Überzeugung, dass Mythos und Logos sich antagonistisch gegenüber stünden, weil

47

beide für sich beanspruchten in dem Sinne ‚wahr' zu sein, dass sie jeweils eine zutreffende Weltbeschreibung liefern könnten. Demzufolge müsse einer von beiden untergehen, also sich als falsch erweisen. Dass falsch nur der Mythos mit seinen unhaltbaren Spekulationen über eine dies- wie jenseitige Verfasstheit des Seins sein könne, war dabei selbstverständlich. Reste dieser Überzeugung schwingen heute in den meisten Überlegungen zum Mythos mit und lassen es sinnvoll erscheinen, die Frage, was wir heute eigentlich von Mythen ‚haben' können, zu stellen, auch wenn sich die Diskussion gewendet hat und man ernsthaft nicht mehr von einem Antagonismus von Mythos und Logos ausgeht, sondern von komplementären Rollen beider.[42]

Am überzeugendsten ist dies 1971 wohl von Hans Blumenberg dargestellt worden, der ausdrücklich auf eine gleichberechtigte Bedeutung von Mythos und Logos, also der irrationalen Überlieferung und des rationalen Weltverständnisses hinweist (Blumenberg 1971). Unter Anerkennung der Tatsache der grundlegenden Verschiedenheit von Mythos und Logos lässt sich ihre Komplementarität heute mit Karen Armstrong folgendermaßen zusammenfassen:

> „Im Gegensatz zum Mythos muss der Logos den objektiven Tatsachen entsprechen. Er bezeichnet die geistige Tätigkeit, die wir einsetzen, um etwas in der Außenwelt zu bewirken: wenn wir unsere Gesellschaft organisieren oder Technik entwickeln. Im Gegensatz zum Mythos ist er im Grunde pragmatisch." (Armstrong 2005, 33)

Da Mythos und Logos einander nicht überlappende Grenzen aufweisen, ergänzen sich ihre jeweils eigenen Sphären von alters her:

> „Ein Mythos konnte einem Jäger nicht sagen, wie er seine Beute

erlegen oder eine Jagd effizient organisieren sollte, aber er half ihm, mit seinen Gefühlen beim Töten der Tiere umzugehen. Der Logos war effizient, praktisch und rational, konnte aber weder Fragen zum Wert des menschlichen Lebens beantworten, noch menschlichen Schmerz und Leid mildern. Instinktiv begriff der Homo sapiens daher von Anfang an, dass Mythos und Logos unterschiedliche Aufgaben erfüllen." (33)

Dieses Begreifen der Komplementarität der beiden menschlichen Wissenssphären ist allerdings erst im Zuge der neuen Ungewissheiten nach den Weltkriegen wieder zum Wissensbestand in der Fachdiskussion geworden und es ist in der allgemeinen Diskussion immer noch nicht wieder ganz angekommen. Umso schöner ist es, dass jetzt mit Karen Armstrongs *Eine kurze Geschichte des Mythos* ein höchst lesenswertes Buch vorliegt, das diese ,andere Art' des menschlichen Wissens prägnant und verständlich analysiert.

Die Augen für die Komplementarität von Mythos und Logos zu öffnen, ist das eigentliche Programm von Armstrongs Arbeit. Sie verzichtet auf eine eindeutige Definition des Begriffs Mythos, was den wissenschaftlich erzogenen Leser zunächst irritiert, und trägt statt dessen Erkennungsmerkmale des Mythischen zusammen, die Ausgangspunkt für den immer transzendentalen Inhalt aller Mythen sind: Tod, Grenzerfahrung, das Unbekannte und Unaussprechliche und das Göttliche, als seinen ganz zentralen Begriff. Aus dieser kleinen Sammlung entwickelt Armstrong die These, dass der transzendentale Inhalt des Mythos Erklärungsmuster der Realität aus dem Grund spiegelt, weil die Menschen sich als Mängelwesen (vgl. Weniger 2001, 81) erkannten[43] und Zuflucht auf einer „anderen Ebene suchten, die neben unserer Welt existiert und sie in gewisser Weise trägt" (Armstrong 2005, 10). Das zeigt sich dann beispielsweise darin, dass, „wenn Männer und Frauen [in der Antike] vom Göttlichen sprachen, [sie] damit meist

49

einen Aspekt des Irdischen" meinten (11). Dieses göttliche Element stellt eine „mächtigere Realität" dar und bietet Schutz, Anleitung und Erklärungsmuster vornehmlich dadurch, dass es Sinn zu stiften vermag. Und dem Sein Sinn zu verleihen, ist etwas, das der Logos per definitionem nicht zu schaffen vermag. Logos, das ist Synonym für wissenschaftliches, um Objektivität ringendes Denken. Logos sagt, was ist. Logos kann nur beschreiben, was er zu erkennen meint. Einen tieferen Sinn kann er dem Erkannten nicht zuweisen. Der Logos arbeitet deskriptiv, während der Mythos interpretiert. Insofern ergänzen sich Mythos und Logos für Armstrong, wobei auch der Mythos imstande ist, in gewissem Sinne ‚Wahrheiten' zu formulieren: „Ein Mythos ist also wahr, weil er wirkt, nicht weil er uns faktische Informationen liefert" (15). Er „dien[t] nicht informativen, sondern therapeutischen Zwecken" (67).

Zum Problem kann dabei nur werden, dass Interpretationen immer subjektiv bleiben müssen. Wer nicht anerkennen will, was der gerade herrschende Mythos aussagt, der kann mit legitimen Mitteln nicht dazu gezwungen werden.[44] Doch muss dies nicht unbedingt ein Mangel sein. Solange man diesen speziellen Umstand im Bewusstsein behält, kann man ihn im Gegenteil zur persönlichen wie gesellschaftlichen Bereicherung nutzen, da die Subjektivität des Mythos letztlich eine nahezu unendliche Verbreiterung der Sichtweisen erlaubt.

Im Nachhinein, also beispielsweise in der Rückschau auf die Menschheitsgeschichte, kann der Mythos aber doch wieder wissenschaftlich verwendet werden, dient er doch hervorragend dazu, die Entwicklung des Denkens zu erklären. Denn die Rückschau und die Begutachtung der mythischen Überlieferungen zeigen, wie sehr Mythos und Realität eigentlich verwoben sind. Und wie alt sie sind!

Die Anfänge mythischen Denkens in der Altsteinzeit und sogar früher[45] sind belegt. Und von Anfang an weisen Sie darauf hin, dass der Mythos einen Nutzwert aufwies, den er

50

nur erhalten konnte, wenn er die Verbindung zur Realität aufrecht erhielt, indem er die Realität zu erklären versuchte und in ihr Sinn zu stiften versprach. Der Ursprung mythischen Denkens und mythischer Überlieferung ist dabei mit hoher Wahrscheinlichkeit die Todeserfahrung und der mit ihr verbundene Ursprung von Religiosität. „Der Tod als existenzielle Grenzerfahrung konfrontiert den Menschen am deutlichsten mit der Sinnfrage", sagt der Archäologe Gerd-Christian Weniger in seinem exzellenten Buch *Projekt Menschwerdung* (Weniger 2001, 58). Die Todeserfahrung in den Jäger- und Sammlergesellschaften der Altsteinzeit bezog sich dabei sowohl auf das Töten, das notwendiger Bestandteil des Lebens war, wie auch auf das Sterben von Gruppenmitgliedern und die Gewissheit, eines Tages auch selbst sterben zu müssen. Beides rührte in den frühen Menschen offenbar eine spirituelle Saite an, wie die steinzeitlichen Höhlenmalereien für die Jagd und das Töten sowie die frühesten Formen der Totenbehandlung, die sogar beim Homo neandertalensis zu finden waren (62), beweisen. Im Rahmen dieser Grenzerfahrungen ist der Ursprung des Mythos zu suchen.

Geschichte des Mythos

Die einander ergänzenden Funktionen von Logos und Mythos zeigten sich demnach schon in prähistorischer Zeit. Der Logos ist pragmatisch und hat die Funktion, Fakten zu bewerten und nutzbar zu machen, während der Mythos hilft, diese vom Logos erkannten Existenzbedingungen für die mit Freude, Verlust, Liebe und Tod konfrontierte menschliche Psyche aufzubereiten. Wie schon erwähnt, sagte der Logos, wie man etwas anzustellen hat – die Jagd beispielsweise – während der Mythos bei der Bewertung half – etwa der, der Gewalterfahrung (Armstrong 2005, 33). Hilfreich war zudem das dialogische Element des Mythischen, denn Mythen werden erzählt und erzählend zurückgegeben. Es entsteht ein Generationen überspannendes ‚Wissen', das metaphysische Deutungsmuster akkumuliert und konzentriert. Mythos ist immer auch ein soziales Phänomen. Man bemüht seine Deutungskraft immer im Miteinander, immer dadurch, dass man ihn sich erzählt und ihn mit anderen (mythischen) Erklärungsmustern vergleicht. Als solches ist der Mythos ein „Diskurs, den wir in Extremsituationen brauchen" (36).

Extremsituationen umfassender Art kennzeichnen nach Armstrong dann die Entwicklung des mythischen Denkens im Allgemeinen. Eckpunkte dieser Entwicklung lassen sich in der Jungsteinzeit, den ersten Hochkulturen, der sogenannten Achsenzeit, im Mittelalter und Neuzeit und Moderne in fünf entscheidenden Erzählepochen festhalten.

1. Die neolithische Revolution des Übergangs vom Leben als Jäger und Sammler zum Ackerbauern und Viehzüchter in der Jungsteinzeit wird als eine der größten Umwälzungen in der Menschheitsgeschichte angesehen (vgl. Weniger 2001, Kap. *Umwelt und Ernährung*). Das Sesshaftwerden und die Abhängigkeit von der Landwirtschaft ließen das menschliche Leben als von den Launen von Göttern abhängig erscheinen, die folgerichtig um gute Ernte und Wetter angebetet und mit Geschenken günstig gestimmt werden mussten: für den Erfolg der bäuerlichen Bemühungen bedurfte es des Engagements in Riten, Anrufungen, Gebeten, Opfern. Der unbeeinflussbare Rhythmus der jahreszeitlichen Veränderungen rückte zudem den Zusammenhang von Werden und Vergehen und damit die Zusammengehörigkeit von Leben und Tod in besonderem Maße ins Bewusstsein. Wieder wird der Mensch auf Grenzerfahrungen in Form der letzten Grenze Tod gestoßen, während nun auch das Leben und Werden als weitere Mysterien hinzutreten. Der Mythos ist hier noch ganz Erklärungsmuster der Phänomene der Wirklichkeit, während der Logos noch gänzlich vor-

52

theoretisch auftritt.

2. Das mythische Denken reagiert auf die menschlichen Erfahrungen. In dieser Reaktion bildet sich die intellektuelle wie die spirituelle Entwicklung der Menschheit ab – beispielsweise im Erwachen der Strukturen stiftenden Kultur in Mesopotamien, die in der Überwindung des Chaos in Form von Gottheiten wie Marduk und Monstrositäten wie Leviathan, Mot und Tiamat reflektiert wird (Kap. IV). Marduk erschafft aus dem Körper der chaotischen Tiamat die Ordnung von Himmel und Erde. Letztlich bildet der Schöpfungsmythos *Enuma Elish* die Erfahrungen der sesshaft werdenden Menschheit ab, die die Umwelt entsprechend ihrer Bedürfnisse zu formen beginnt. Ganz ähnlich verläuft die Entwicklung des mythischen Denkens in Ägypten. Immer noch dient der Mythos als vorherrschendes Erklärungsmuster zum Begreifen der Welt, allerdings rückt auch der Logos in den Bereich der Theorie ein, wie das Entstehen von Mathematik, Medizin und Astronomie zeigt (vgl. Pichot 2000, Kap. 1 und 2).

3. Der Begriff der Achsenzeit ist in Anlehnung an Karl Jaspers gewählt, der darunter die Zeit von etwa 800 bis 200 v. Chr. verstand, in der die für die Entwicklung der Menschheit entscheidenden Phänomene der Geburt des rationalen Denkens im klassischen Griechenland und der reflektierenden Religionen des Monotheismus und des Konfuzianismus und Taoismus auftauchten (Jaspers 1963). Die Haltung der neuen Strömungen zum Mythos kann nicht einheitlich beschrieben werden. Gemeinsam ist jedoch Denkern wie Konfuzius, Laotse, Buddha, Platon, Aristoteles und den hebräischen Propheten, dass sie den Mythos aus der alltäglichen Lebensmitte entfernten, vor allem indem sie ihn abstrakter darstellten und uneigentlich nutzten. So wurden aus praktischen Mythen wie denen der Babylonier, denen jede Stadt als Sitz eines Gottes und damit als besonders geschützt galt (vgl. Jacobsen 1954), theoretisierende Mythen wie der von Prometheus, der den Göttern das

53

Feuer stahl und zu den Menschen brachte – eine erste Ahnung von Technologiekritik. Außerdem gaben die Mythendichter der Achsenzeit ihren Erzählungen eine deutliche ethische Ausrichtung. Der Logos als Welterklärer ist in der Achsenzeit aus zeitgenössischer Sicht zwar noch nicht an die Stelle des Mythos getreten, mythisches Denken überwiegt noch klar. Aus heutiger Sicht ist die Achsenzeit aber diejenige Epoche, in der der Mythos seinen objektiven Stellenwert verlor, da er ‚offensichtliche Unwahrheiten‘ wie Götter und Magie postulierte.

4. Die Veränderungen, die der Mythos in Spätantike und Mittelalter erfuhr, beschränken sich auf Europa und den vorderen Orient, denn sie gelten nur für die drei großen Offenbarungsreligionen. Das Neue an den Offenbarungsreligionen war, dass sie im Gegensatz zu den alten polytheistischen Entwürfen ein einheitliches Bild von Dies- und Jenseits hatten, um das gesamte Sein, materiell wie spirituell, zu erklären; sie wiesen den Menschen zudem einen Platz darin zu. Zugleich sind es hoffnungsvolle Religionen, die, anders als beispielsweise in den kosmischen Untergangsphantasien der nordischen Mythen, ein sinnvolles Universum und die Erlösung des Menschen postulieren. Doch wie sollte das erklärt werden? Mit den Mitteln des Logos geht dies nicht.[46] Wenn Platon und Aristoteles also beginnen, den Mythos auszutreiben, so zeigen sich Spätantike und Mittelalter in Reaktion darauf als wieder sehr mythenträchtig. Der Inhalt des Mythos aber hat sich wieder einmal verändert und den Anforderungen des Lebens angepasst. Der Mythos ist im Mittelalter gegenüber dem Logos wieder erstarkt.[47] Der Mythos erklärt jedoch nicht mehr all die vielen kleinen und kleinsten Dinge des alltäglichen Lebens, aber er erklärt immer noch und auf deutlich höherem intellektuellem Niveau das große Ganze und kommt seiner ursprünglichen Funktion, Erklärung *und* Trost *und* Schutz zu bieten, vielleicht besser nach als je zuvor.

54

5. Die Persistenz des Mythos widerspricht dem Programm der Moderne völlig, die in Form des Rationalismus und seiner diversen Strömungen eigentlich angetreten war, ihn endgültig ad absurdum zu führen. Ein Kennzeichen von Neuzeit und Moderne ist die Aufklärung, die „Mythen als nutzlos, falsch und überlebt abtat" (Armstrong 2005, 109). Das wissenschaftliche Denken versuchte von nun an als einzig legitimer Welterklärer aufzutreten. Und das Credo des wissenschaftlichen Denkens lautet: Jegliche Erkenntnis ist ehrlich, transparent, rückhaltlos und falsifizierbar darzulegen, aber es sind auch nur diejenigen Erkenntnisse als objektivierbar zuzulassen, die empirisch nachweisbar sind. Die Aufklärung nach Kant wurde als mit dem Mythos unvereinbar gelesen. Folge der Abwertung war: „Da die meisten westlichen Menschen keinen Gebrauch von Mythen machten, verloren viele jeglichen Sinn dafür" (Armstrong 2005, 110). Wenn Nietzsche dann Ende des 19. Jahrhunderts sein „Gott ist todt"[48] verkündet, so ist das nicht die Proklamation eines Atheisten, sondern beschreibt Gottes Tod als Folge des aufgeklärten Denkens, das dem Gottesmythos keinen Platz mehr lässt. Bezeichnenderweise lässt Nietzsche den „tollen Menschen", also einen Verrückten, mit einer Laterne auf die vergebliche Suche nach Gott gehen. Die Laterne als Lichtspender ist ein Symbol für die Aufklärung (Nietzsche *KSA* 3, 480). Die ‚Aufgeklärten' verstehen aber nicht, was die Konsequenz von Gottes Tod ist. Der Verrückte sagt angesichts des Verschwindens des Gottesmythos: „Was thaten wir, als wir die Erde von *ihrer* Sonne losketteten? Wohin bewegt sie sich nun? [...] Irren wir nicht wie durch ein unendliches Nichts? Haucht uns nicht der leere Raum an?[49] [...] Kommt nicht immerfort die Nacht und mehr Nacht?" (481, meine Hervorhebung.). Nacht und Dunkel sind demnach also die paradoxen Folgen eines falsch verstandenen Lichtes der Aufklärung – und in Nacht und Dunkel fühlt der Mensch sich verloren, es fehlt ihm etwas. Die Topoi der Verlorenheit und des Verlustes sind

55

denn auch ein literarisch in der Moderne immer wieder auftauchendes Thema – man denke etwa an T.S. Eliots *Waste Land*. Dies wurde in der Folge immer klarer erkannt und Mythos und mythisches Denken erlangten wieder mehr Beachtung und wenn schon nicht eine welterklärende, so doch ihre therapeutische Rolle in Psychologie (Freud, Jung), Philosophie (Cassirer, Blumenberg) und Soziologie (Eliade) zurück. Die Nachricht vom Tod des Mythos, dessen sich Neuzeit und Moderne auf den ersten Blick so gewiss schienen, war wohl doch etwas verfrüht. Das Pendel schlug in den vergangenen fünfhundert Jahren zwar zuerst heftig zugunsten des Logos aus, doch hinterließ dies auf einer intuitiven und emotionalen Ebene eine Lücke, die Unzufriedenheit und Orientierungslosigkeit bewirkte. Eine Lücke, die erst das mythische Denken zu schließen imstande ist.

Nutzen des Mythos

Was ‚haben' wir also heute vom Mythos? Der Mythos war als Welterklärungsmuster, aber auch als Therapeutikum angetreten. Die Welt zu erklären, vermochte er aber vielleicht niemals wirklich. Denn was wurde wohl wirklich geglaubt in dem Sinne, dass Menschen überzeugt gewesen wären, im Mythos Fakten vermittelt zu bekommen? Glaubten die Menschen wirklich Himmel und Erde seien aus dem Körper Tiamats entstanden? Glaubten Sie, dass das Feuer ihnen von Prometheus geschenkt worden sei? Das muss ungewiss bleiben. Aber ich denke die Menschen begriffen immer schon, dass die Ordnung dem Chaos abgerungen werden muss und dass eben deshalb das Leben immer auch Kampf ist. Und sie verstanden intuitiv, dass der Gebrauch von Feuer und Technik sie der umgebenden Natur unwiderruflich entfremdete, dass es aber für den haarlosen Zweibeiner keine Alternative zu Technik geben würde. Beides

56

sind Beispiele für nicht unbedingt glücklich machende Erkenntnisse. Glück zu spenden vermag der Mythos auch in den seltensten Momenten, aber er vermag es sehr oft, Menschen mit den Faktizitäten des Seins zu versöhnen und zugleich Ausblick und Hoffnung darauf zu geben, dass da irgendwo noch etwas ist, 'das über die Schulweisheit hinausgeht, Horatio'. Mythisches Denken bleibt ein Therapeutikum![50] Ein Therapeutikum das viele Menschen vielleicht nicht brauchen werden, das aber immer da ist und dessen sich jede und jeder immer bedienen kann – manchmal auch jene, die davon überzeugt sind, seiner niemals zu bedürfen. So falsch, wie Novalis meinte (vgl. s. 152), ist das moderne Wesen gar nicht und wir würden wohl kaum überleben, wenn es plötzlich fortflöge – doch es tut der Moderne gut, *auch* wieder auf das „geheime Wort" zu hören.

Mythos und Fantasy

Doch wozu dieser lange Exkurs über den Mythos mit Hinblick auf die Fantasyliteratur? Der Exkurs diente vornehmlich zwei Zwecken. Zum einen war es wichtig, die historische Entwicklung des mythischen Denkens zu skizzieren, um im Folgenden die Entwicklung der Fantasy aufzeigen zu können. Die Fantasy im eigentlichen modernen Sinne beginnt nämlich mit den Arbeiten von William Morris in der zweiten Hälfte des 19. Jahrhunderts ungefähr zu der gleichen Zeit, da die Überzeugungen von der Trennung von Logos und Mythos ihren Höhepunkt im vorherrschend materialistischen Weltbild erreichten. Sie schließt sich damit direkt an die geschichtlichen Umstände an, die ihre Entstehung aus dem Geist der Ablehnung des Mythos erst provozierten. Damit tritt die Fantasy, wenn auch unter veränderten Vorzeichen, in gewisser Hinsicht in die Fußstapfen des Mythos. Davon wird das nächste Kapitel handeln.

Zum anderen hat der Mythos aber auch eine wichtige inhaltliche Bedeutung für die Fantasy. Fantasy ist, wie ausgeführt, in den meisten Fällen (auch) eine Inszenierung mythischen Denkens,[51] sei es actiongeladen auf der Brücke von Khazad-dûm in Tolkiens Mittelerde oder kontemplativ in der *Atrabeth Finrod ah Andreth* (einer nur philosophisch zu nennenden Betrachtung mittelerdischer Protagonisten aus der Feder des gleichen Autors; *History of Middle-earth*, Band X, 303 - 366). Und Fantasy bedient sich fleißig aus dem Vorrat des mythischen Denkens, sowohl hinsichtlich des Aufbaus als auch hinsichtlich seiner Metaphern. Frye sagt über die Romanze, die er so definiert, dass sie aus dem Mythos entstand und man die heutige Fantasy als eine Untergattung der Romanze ansehen darf, dass sie sich über Jahrhunderte und bis in die Jetztzeit hinein kaum verändert habe (vgl. Frye 1976, 4) und dass die Strategien der Erzählerinnnen und Erzähler im antiken griechischen Mythos die gleichen waren wie in der modernsten Science Fiction (vgl. 4f.). Gleiches gilt für die verwendeten Bilder und Metaphern. Schon Dante, Chaucer, Milton, Goethe und Novalis bedienten sich der Bilder aus den Mythen und, so Schneidewind,

> „viele ihrer modernen Nachfahren halten es genauso: Lewis Caroll und Tad Williams, J. R. R. Tolkien und J. K. Rowling verstehen es meisterlich, alte Mythen und Motive ein- und umzuarbeiten, sie zu zitieren oder zumindest Assoziationen an sie zu wecken. [...] Je mehr das Publikum davon kennt und versteht, desto besser kann es die Anspielungen und Andeutungen genießen und das Spiel im Text mitspielen, umso eher kann es wirklich zum aktiven Lesen oder Schauen kommen, kann die Tertiärschöpfung gelingen, eine wahre ‚Nachschöpfung‘, die Drittschöpfung im eigenen Kopf" (Schneidewind 2007, in Vorbereitung).

So verstanden wehrt sich die Fantasy auch gegen die ernüchterte Moderne und einen übermächtigen Logos. So verstanden berührt Fantasy auch die poetischerweise so genannte

58

„mächtigere Realität" jenseits der Grenzen der Erfahrung und bietet sich – in Grenzen – auch an, Sinn zu verleihen, wie Karen Armstrong in *Eine kurze Geschichte des Mythos* zeigt: „Wenn professionelle Religionsführer uns nicht in mythischer Weisheit zu unterweisen vermögen, können unsere Künstler und Romanschriftsteller vielleicht diese priesterliche Aufgabe übernehmen und unserer verlorenen, beschädigten Welt neue Einsichten bringen" (Armstrong 2005, 134).

Natürlich ist eine dergestalt bestimmte eventuelle Sinnstiftungsfunktion der Autorinnen und Autoren des Fantasygenres auf individuelle Wirkungen beschränkt und somit ein ganz persönlicher Effekt, der verschiedene Intensitäten erreichen kann. Eine erste Stufe könnte das Wiedererlangen („re-gaining") einer frischen Sicht auf die Dinge des täglichen Lebens sein, die eine (neu-)erweckte Phantasie erlaubt und zu einer psychischen Wiederherstellung („recovery") führt. Dies ist zumindest nach Tolkien eine der Funktionen der Fantasyliteratur (Tolkien 1992a, 53).[52] Damit ist schon ein gewisser Heilungseffekt ausdrücklich angesprochen (53), der somit an die therapeutische Funktion des Mythos anschließt. In die gleiche Richtung, nur deutlich weiter gehend, findet sich bei Michael Ende ein ganz ähnliches Argument über die Kinderliteratur, besonders natürlich die fantastische, wie er sie selbst in Form von *Momo* oder *Die Unendliche Geschichte* schrieb:

„Ich bin der Überzeugung, daß ein Kinderbuch, gerade wegen des vielen Drecks, der Lieblosigkeit, der Häßlichkeit, die den Kindern heute von vorn und hinten hineingeschoppt werden, seinen Lesern etwas bieten soll, was sie schön finden und was sie lieben können. Nichts anderes ist wichtig, denn nur davon können sich Kinder seelisch ernähren. Ob ein solches Buch gut oder schlecht ist, läßt sich ausschließlich nach künstlerischen und poetischen Maßstäben beurteilen. Ganz und gar gleichgültig ist es jedenfalls, ob sein Inhalt im Sinne jener phantasielosen Realismus-Apostel

»Wirklichkeit« darstellt." (Ende 1994, 156).

Ersetzt man im ersten Satz „ein Kinderbuch" durch Fantasy und Kinder jeweils durch Leserinnen und Leser, so verliert der Satz kein bisschen von seiner Sinnhaftigkeit (auch wenn es natürlich viele Beispiele von Fantasy gibt, die dystopisch und misanthropisch in Thema und Aussage sind). Worauf es mir ankommt, ist die Übertragung der nutritiven Funktion auch auf die Fantasyliteratur, die in der Tat in der Lage ist, den Geist mit seinen Phantasien auf eine Art und Weise zu nähren, wie das vordem nur der Mythos konnte. Fantasy vermag dann vielleicht nicht in der Lage zu sein, eine vornehmlich als nur materiell empfundene Welt mit Sinn zu füllen, obwohl auch dies nicht ausgeschlossen ist, aber sie ist, wenn man sich auf diese emotional-irrationale Weise auf ihre Phantasien einlassen kann, sehr wohl in der Lage, das metaphysische Bedürfnis zumindest spielerisch zu befriedigen. Gerade das romantische Spiel mit der Phantasie dürfte einen großen Teil der Attraktivität von Fantasy ausmachen. Wer wollte sich nicht gerne zumindest einmal vorstellen, Organe wie das „poign" (Lindsay 2002, 44) oder das „sorb" (81) zu besitzen, die David Lindsay in *A Voyage to Arcturus* beschreibt und die das Verständnis alles Lebenden ermöglichen oder die Dominanz über den Willen von Kreaturen?

Ein sehr großer Teil der Menschheit empfindet dieses metaphysische Bedürfnis ganz offensichtlich, wie die Erfolgsgeschichten von Religion und Mythos beweisen, die einst das Bedürfnis nach Erklärungen befriedigten, die über die nachweisbare Erfahrungswelt hinausgehen. Alle Metaphysik ist jedoch, wie gezeigt, im Rahmen der anschwellenden Erklärungsmacht der Wissenschaften in Neuzeit und Moderne, stark in die Defensive geraten; sie ist in intersubjektiv allgemeingültiger Betrachtung zur bloßen Spekulation geworden. Dass Fantasy nun die Metaphysik als werkimmanentes Faktum aufnimmt, erlaubt einen zwar zunächst nur spielerischen, aber auch einen undiskreditierten Zugang zum Übernatürlichen, den der Mythos, an den man als vernünftiger Mensch natürlich nicht mehr glauben darf, und den die organisierte Religion, die sich erstens vielerlei hat Zuschulden kommen lassen und die zweitens oft mit einem restriktiven Glaubensregelwerk einhergeht, so nicht bieten können.

Es ist ein großes Reich der imaginativen Freiheit, das sich da auftut und das sich mit unbegrenzten Träumen und vielfältigen Wertvorstellungen füllen lässt; Frye nennt es zu Recht einen Bereich von „ultimate freedom" der „between the ‚is' and ‚is not'" liegt (Frye 1976, 166). Ein Reich, dessen man sich mit und ohne Augenzwinkern bedienen kann. Und es ist ein Reich, das sich mit anderen teilen lässt, ohne dass man sich des Betretens oder seiner Kenntnis schämen müsste.

Fantasy wurzelt im Mythos und lässt sich ohne ihn nur ziemlich oberflächlich begreifen, weshalb es nur nützlich sein kann, sich des Mythos zu erinnern und alte Schul- und sonstige Kenntnisse über ihn und seine Lehren wieder auszugraben. Hinsichtlich der Funktionen ist Fantasy dem Mythos gleich. Sie ist zwar schwächer als er, aber doch in der Lage – in dieser schwächeren Ausprägung auf jeden Fall – alle Funktionen auch zu erfüllen; der Erfolg hängt vom Rezipienten ab, nicht vom Medium. Fantasyliteratur und Mythos sind enge Verwandte – im mindesten sind sie Vetter und Base –, was für die Fantasy bedeutet, dass sie neben der Unterhaltung, die immer ihre Hauptfunktion bleiben wird, auch helfen, heilen, trösten und erklären kann. Ich bin sicher, Fantasy gehört zum anderen Wissen der Menschheit, egal, was die uninformierte Kritik auch anderes über sie befinden mag.

61

4. Geschichte, Entwicklung, Persönlichkeiten und Spielarten von Fantasy

Thence she comes sometimes, high in the night on her broom,
unseen by any down on the earthly fields,
unless you chance to notice star after star blink out for an instant
as she passes by them, and sits beside cottage doors and tells queer tales,
to such as care to have news of the wonders of Elfland.
May I hear her again!

Es erhebt sich angesichts der inhaltlichen Bestimmung der Fantasy und ihrer belegten Nähe zu Mythos und mythischem Denken nun auch die Frage, wo das Genre dann historisch anzusiedeln ist. Womit beginnt die Fantasy, was sind die wichtigsten Eckpunkte der Gattungsgeschichte und wieso tauchen ihre verschiedenen Formen gerade zu diesen Zeiten auf?[53] Durch die Beantwortung dieser Frage gewinnt man erst das angemessene Verständnis für die gewachsene Reichweite von Fantasyliteratur in Bezug auf das Denken und Fühlen der Leserinnen und Leser.

Die Fantasy ist ein Erzeugnis des 20. Jahrhunderts – so ist oft zu lesen und meist wird dann auf J.R.R. Tolkiens *Der Herr der Ringe* als angeblich erstem Vertreter des Genres verwiesen. Und rein begrifflich stimmt das auch. Der Begriff Fantasy taucht als von Lin Carter geprägtes Wort als „adult fantasy" in Form einer gleichnamigen Buchreihe erst in den den 60er Jahren des vergangenen Jahrhunderts auf. Fantasy aber mit Tolkien oder auch mit Robert E. Howards *Conan,* immerhin knapp 25 Jahre vor der Ringerzählung entstanden, oder auch mit Howards Vorbildern Edgar Rice Burroughs (*Tarzan),* Sax Rohmer (*Dr. Fu Manchu*) und Henry Rider Haggard (*Allan Quatermain*), Autoren, die alle auch Fantasy gemäß der engen Definition des Genres schrieben, im 19. Jahrhundert beginnen zu lassen, würde zumindest verkennen, dass die Wurzeln der Fantasy ungleich weiter zurückreichen.

Vorläufer, Inspirationen und Quellen der Fantasy

Es ist, wie gezeigt, jedoch nicht so einfach, die phantastische Literatur – und damit deren Subgenre Fantasy – als solche zu bestimmen. Das gilt auch für die Geschichte der Genres. Ein sich änderndes Verständnis von der Beschaffenheit der Realität – ob etwa Götter, Magie, eine um die Erde kreisende Sonne oder vier Wechselwirkungskräfte als Faktum anerkannt sind – wirkt nämlich darauf zurück, was Menschen als phantastisch und übernatürlich ansehen. Insbesondere aus heutiger Sicht wird es dann schwierig, rückblickend zu sagen, ab wann etwas heute allgemein als Phantastik angesehen wird und ab wann etwas auch im Bewusstsein der zeitgenössischen Lesenden und Zuhörenden als Phantastik galt und wann insofern zwischen uns und ihnen ein gedachtes Einverständnis über das Wesen der phantastischen Literatur hergestellt werden kann:

> „Die Wende von einem synkretistischen zu einem differenzierten Realitätsverständnis lässt sich [...] ganz unterschiedlich ansetzen: mit der Entwicklung der Schrift; mit der Auflösung des geozentrischen Weltbildes und der damit verbundenen hierarchischen Weltordnung; mit dem Aufkommen des Rationalismus, in dem, bei Descartes, erstmals die grundsätzliche Unterscheidung zwischen einer äußeren Realität der Natur und einer inneren des menschlichen Geistes formuliert wird; oder mit der Entwicklung des Romans im 18. Jahrhundert als Abbild der bürgerlichen Wirklichkeit" (Pesch 2001, 54).

Die Herkunft der Fantasy aus dem mythischen Erzählerbe der Menschheit lässt die Wurzeln bis zu den frühesten Zeugnissen menschlicher Schriftkultur zurückreichen, doch handelt es sich bei diesen Beispielen noch nicht um phantastische Literatur im heutigen Sinne, auch wenn sie alle Elemente der Fantasy aufweisen mögen.

Die ältesten Überlieferungen fiktionaler Schriften[54] sind die *Geschichte des gestrandeten Seefahrers* aus dem antiken Ägypten und das babylonische *Gilgamesch-Epos*, beide entstanden um das Jahr 2.000 vor Christi Geburt. Die Geschichte des Seefahrers beinhaltet ebenso wie die Gilgameschs übernatürliche Abenteuerelemente und gehört in Bezug auf die Erzählweise wie den Inhalt eindeutig in die engere Definition von Fantasy (allerdings nur eingeschränkt bzgl. ihres angenommenen Wahrheitsgehaltes). Weitere antike Wurzeln des Genres sind die homerischen Epen, Aesops lehrhafte Fabeln, die indischen Nationalepen *Mahabharata* und *Ramayana*, Vergils römische Gründungssage *Aeneis*, Ovids philosophische Poesie *Metamorphosen*, Lucius Apuleius' mystische Satire *Der Goldene Esel* und viele weitere Gedichte und Prosaerzählungen.[55]

Mit dem Ende der Antike und dem Beginn des Mittelalters stellen sich dann die nord- und mitteleuropäischen Sagen in die Reihe der Ahnen der Fantasy: das *Beowulf*-Gedicht, das walisische *Mabinogion*, die nordischen Sagas, allen voran die *Prosa-Edda* von Snorri Sturluson, und das alte germanische Erzählerbe rund um Kriemhild, Siegfried, Dietrich von Bern. Doch auch außerhalb von Europa blüht die phantastische Literatur unvermindert weiter, etwa in Form des Erzählkreises der arabischen Nächte, die als *1001 Nacht* im Okzident bekannt und für die phantastische Literatur besonders des 19. und frühen 20. Jahrhunderts sehr einflussreich wurden. Aber auch einzelne mittelalterliche Autoren schufen prägende Werke der Phantastik: Wolfram von Eschenbach den *Parzival*, Dante Alighieri die *Göttliche Komödie*, Geoffrey Chaucer die *Canterbury Tales*, Thomas Malory am Übergang in die Renaissance den *Le Morte d´ Arthur*, um nur eine Handvoll zu nennen.[56]

65

In Renaissance und Neuzeit setzt sich die Reihe der Vorfahren der Fantasy mit Namen wie William Shakespeare und John Milton fort, um dann im 18. und 19. Jahrhundert zu denjenigen Autorinnen und Autoren zu führen, die als direkte Vorläufer der Fantasy angesehen werden können: Horace Walpole, Jan Potocki, Mary Wollstonecraft Shelley, Anne Radcliffe, Edgar Allen Poe, E.T.A Hoffmann und andere. Aber auch einige der berühmtesten Schriftsteller und Dichter unternahmen zumindest Ausflüge in das Reich der Phantastik. Der Philosoph und Humanist Voltaire in *Zadig*, der ,Dichterfürst' J.W. Goethe mit seinem wichtigsten Werk, dem *Faust*, der Sozialkritiker Charles Dickens mit *A Christmas Carol*, die überragende Stilistin Jane Austen mit *Northanger Abbey* und der humanistische Visionär Fjodor Dostojewski in *Bobok*, die hier nur stellvertretend für viel andere Literaten genannt werden sollen.

Die phantastische Literatur kann man offensichtlich nicht anders denn als festen und unablöslichen Bestandteil der menschlichen Kultur aller Zeiten und Regionen ansehen. Sie ist Bestandteil der Religionen genauso wie der Hoch- und der Trashkultur und es scheint, als gäbe es einen „angeborenen menschlichen Impuls in Richtung der Fantasy" (Mathews 2002, 10).[57] Phantastische Geschichten, die einige bis alle Elemente der engen Definition der Fantasy aufweisen, sind also durchaus nicht auf das 20. und 21. Jahrhundert beschränkt und lassen sich auch auf den ,respektablen' Regalen der Stadtbücherei finden.

Allerdings handelt es sich zunächst um Mythen und dann erst um phantastische Literatur, wobei der Übergang unbestimmbar, weil vom Weltbild der Rezipienten abhängig ist. Und die phantastische Literatur ist auch nicht mit der Fantasy gleichzusetzen, sondern umfasst ein viel weiteres Gebiet von Werken, die teilweise nicht einmal in die weite Definition von Fantasy Einlass finden. So enthält beispielsweise der frühe englische Schauerroman, die Gothic Novel, oftmals nichts Über-

66

natürliches, sondern erweckt nur einen derartigen Anschein, der aber in der Auflösung der Geschichte wegerklärt wird. Ein anderes Beispiel ist Mary Shelleys bahnbrechende Erzählung *Frankenstein oder Der moderne Prometheus* – das ist reine Science Fiction und enthält keinerlei übernatürliche Elemente[58]. Und doch sind diese Beispiele, die Gothic Novel wie auch Shelleys Werk zusammen mit den dunklen Arbeiten Hoffmanns, Poes, Washington Irvings, Nathaniel Hawthornes und anderer eine Gruppe der Wegbereiter für die Fantasy.

Die andere Gruppe von Schriftstellern, die auf die Formierung der Fantasy größten Einfluss ausübten, waren die Romantiker, die das Übernatürliche, das Jenseitige und das Spirituelle meist sehnsüchtig zum Mittelpunkt ihrer Werke machten und damit ein tiefes Verlangen nach Transzendenz ausdrückten, das sicherlich mit dem „menschlichen Impuls in Richtung Fantasy" eng verwandt ist. Beginnend mit Edmund Spensers Gedicht *The Fairie Queene* (veröffentlicht 1590-1596) und über die deutschen wie die englischen Romantiker bis zu Samuel Taylor Coleridge[59] reichend, stellt die romantische Dichtung eine große Quelle für die Fantasyliteratur dar.

Die Romantik ist dabei auch ein Kind ihrer Zeit, von dem es nicht im Geringsten verwundert, dass es ausgerechnet jetzt auf den Plan tritt. Literatur, ja, das Erzählen als solches, ist wie alle anderen menschlichen Äußerungen in Abhängigkeit der Umstände zu sehen, in denen es auftritt, wie ich auch bei der Analyse des mythischen Denkens anhand der fünf Erzählepochen zu zeigen versuchte (vgl. S. 52). In der Antike erzählten sich die Menschen Sagen und Mythen, um sich die Welt erklären zu können. Ähnliches gilt im Mittelalter. Mit Renaissance und Neuzeit jedoch gewinnen das Faktenwissen und die Rationalität einen entscheidenden Einfluss auf das Denken, die übernatürliche Weltanschauung wird vom rationalistischen Weltbild verdrängt: „science isolated physics from metaphysics, reason from faith and nature from supernature" (Manlove

1975, 259). In der Literatur gewinnt die realistische Literatur den Einfluss, der sie als Äußerung der Hochkultur über die Phantastik stellt: Goethes *Werther* beschreibt die Nöte des echten Lebens, *Die Burg von Otranto* Walpoles ist bloße Spielerei. Der Realismus der rationalistischen Weltsicht allein greift, aus welchen metaphysischen oder psychologischen und anthropologischen Gründen auch immer,[60] zu kurz und ruft anscheinend zwangsläufig eine gegen ihn gerichtete Reaktion hervor.

Das Entstehen der Romantik und der romantischen Dichtung ist eine solche Reaktion. Was Novalis als das „verkehrte Wesen" beschreibt (vgl. S. 152), das da vor dem geheimen Wort – es könnte Glauben, Spiritualität oder Gott lauten – davonfliegt, ist genau dies rationalistische Weltbild, das nur gelten lässt, was die Empirie beweisen kann. Die Romantik versucht, die Metaphysik in derart fassbare Worte zu kleiden, dass sie sich neben der natürlicherweise fassbaren Realität zu behaupten vermag, weil sie das Gefühl des Verlustes der Transzendentalität nicht zu ertragen bereit ist. Die Romantik fühlt sich durch den Verlust der Metaphysik[61] beraubt und von sich und der Welt entfremdet. Diese Entfremdung schlägt sich auch in der Gothic Novel als direktem Vorfahren der Fantasy nieder. Natürlich nicht in all ihren Werken und bestimmt auch nicht in der wirklich recht belanglosen Erzählung *Die Burg von Otranto*, aber in ihren wichtigeren Vertretern wie in den prototypischen Erzählungen Mary Shelleys *Frankenstein* und *The Last Man*. Das Geschöpf Frankenstein leidet im Prinzip stellvertretend für die wissenschaftsgläubige Menschheit unter deren defizitärem Selbst- und Weltverständnis und wird deshalb erst zum Monster und Mörder. Und Verney, der letzte Mensch, der nach einer Pandemie allein zurückbleibt, beweint eine gestorbene Kultur, die doch auf Grund ihrer Entwicklung hin zur defizienten Rationalität zwangsläufig vergehen musste.[62]

Die antagonistische Beziehung Aufklärung versus Romantik spiegelt sich auch im weiteren Verlauf und bis heute – in

68

den letzten Jahrzehnten dann besonders in der Fantasy – in der phantastischen Literatur wider. Illustrierbar ist dies etwa an der Beschreibung von Fantasy als „Sprache der Nacht". *Language of the Night* ist der Titel einer Aufsatzsammlung von Ursula K. Le Guin. In dem bemerkenswerten Buch sind Arbeiten versammelt, die sich mit Science Fiction, mit Fantasy und mythischem Denken beschäftigen. Der Titel der Sammlung umschreibt die Fantasy poetisch als „Sprache der Nacht", die man der Fach-, Sach- und der realistischen Literatur als der „Sprache des Tages" gegenüberstellen kann. Damit bedient sich Le Guin der Metaphorik der Aufklärung, die das Licht als Aufhellerin des menschlichen Unwissens verklärte, wie schon oben im Rahmen der Behandlung des mythischen Denkens ausgeführt wurde (vgl. S. 55) und weist der Fantasy einen diametral entgegengesetzten Status zu. Die Sprache der Nacht ist damit dem rational vermittelten Wissen der Sprache des Tages entgegengesetzt, muss aber damit nicht unbedingt als unüberwindlicher Gegensatz ausgezeichnet sein, sondern kann, wie beim Verhältnis von Logos und Mythos auch als Ausdruck der Komplementarität verstanden werden.

Neben der geistesgeschichtlichen Situation im 18. und 19. Jahrhundert war aber auch die wissenschaftsgeschichtliche sowie die allgemeine soziale und wirtschaftliche Situation, zumindest in Europa und Nordamerika, der Entstehung der phantastischen Literatur wie der Fantasy förderlich. In naturwissenschaftlicher Hinsicht errangen Physik und Chemie Erkenntnisse, die zwar durch moderne Entdeckungen des 20. Jahrhunderts vielfach revidiert werden mussten, aber der generelle Tenor in diesen Fächern war, dass man, was die Welt im Innersten zusammenhält, wissenschaftlich erklären zu können glaubte oder zumindest kurz davor stand dies zu tun. Zur Gewissheit wurde in dieser Zeit jedenfalls, dass man keiner übernatürlichen Erklärungsansätze mehr bedurfte, um die Welt zu verstehen. Mit Isaac Newton hatte die Welt für viele Menschen begonnen, an Zauber zu verlieren und so beschuldigte der Dichter John Keats den großen Physiker 1819 in dem Gedicht *Lamia*, den Regenbogen „entwebt"[63] und die Welt damit ihrer Schönheit beraubt zu haben. Eine ähnliche Revolution, nur mit noch viel größerer Tragweite für das menschliche Selbstverständnis, war in der Biologie die Entdeckung der Prinzipien der Evolution durch Alfred Russel Wallace und besonders Charles Darwin, die 1859 zur Publikation der *Origin of Species* führte. Auch hinsichtlich des Menschen und seiner Natur bedurfte es nun keiner metaphysischen Erklärungen mehr. Dass Sigmund Freud dann Ende des 19. Jahrhunderts auch noch die gewaltige Kraft und Bedeutung des Unterbewussten entdeckte, war ein weiterer Schlag für das einst so stolze Selbstverständnis der Menschheit als Krone der Schöpfung und als zoon logon echon („das [einzige] Tier, das Vernunft besitzt"). Ein weiterer wichtiger Aspekt für die phantastische Literatur war der Erfolg der Seefahrer, Scouts, Trapper und Geowissenschaftler, der die Karte der Erde ihrer weißen Flecken zur Gänze beraubte und viel potenziellen Zauber und Exotik durch die nüchterne Beschreibung des faktischen Istzustandes ferner Länder, Gebirge und Inseln zunichte machte.

In gesellschaftlicher, besonders aber wirtschaftlicher Hinsicht war die Zeit ebenfalls von Umbrüchen gekennzeichnet, die das Leben der Menschen in Europa und Nordamerika zutiefst veränderte, womit ich besonders die Phänomene der Industrialisierung und Urbanisierung meine: Arbeitswelt und Lebenswelt veränderten sich dramatisch. Die Menschen rückten, hauptsächlich aus wirtschaftlichen Erfordernissen, in Städten eng zusammen und verbrachten zudem einen Großteil ihres durch die Arbeits- und Lebensbedingungen oftmals nur noch sehr kurz währenden Lebens an fremdbestimmten und hoch arbeitsteilig diversifizierten Arbeitsstellen, die neben der Entfremdung außerdem nur einen allzu kargen Lohn erbrachten. In Deutschland hungerten die Weber, in Frankreich zerstörten

70

sie die Webstühle mit ihren Holzpantinen – den „Sabots", daher stammt der Begriff Sabotage – und in England wurde der Manchesterkapitalismus zum Inbegriff des ärmlichen, fremdbestimmten und ausgebeuteten Arbeiters. Karl Marx und Friedrich Engels lieferten den theoretischen Unterbau für die Kritik der menschenunwürdigen Entwicklung – wahrlich, ein Gespenst ging um, nur nicht das, welches die beiden Denker meinten, sondern das des Sinnverlustes.

Für die phantastische Literatur insgesamt wie auch später für die Fantasy im Besonderen bedeutete das alles allerdings Anreiz und Aufmerksamkeit: Anreiz, Geschichten zu erfinden, und Aufmerksamkeit seitens des Publikums, sie in Form von Träumereien und kleinen Fluchten begierig zu rezipieren, ohne dabei jedoch die eigene Lebenswirklichkeit komplett vergessen zu können oder zu wollen, sondern sie durch Lektüre, Schau und Spiel zu verarbeiten:

„Fantasy wird nicht konsumiert, weil ihre Leser an Zauberei glauben oder weil sie unserer Welt entfliehen wollen: so zeigt zwar Fantasy ihre Faszination einerseits im Abenteuer, andererseits jedoch viel stärker in einer – trotz Verfremdung – vereinfachten Spiegelung unserer Welt. Als zeitlose Literatur diskutiert sie zentrale positive Werte wie Treue, Freundschaft, Pflichtgefühl, Ehre, Aufrichtigkeit, Verantwortung, sie schildert suchende, zweifelnde, teilweise sogar gebrochene Figuren. *Die eigentliche Anziehungskraft von Fantasy liegt nicht darin, daß sie fremde, unbekannte Welten schildert, sondern vielmehr darin, daß sie von unserem Leben erzählt.*" (Le Blanc 2003, 7; meine Hervorhebung.)

Die exotischen Erzählungen als Spiegelung wesentlicher Bestandteile „von unserem Leben" kompensieren die schwer zu ertragenden Umbrüche in Wissenschaft und Gesellschaft jener Zeit, da sie „auf Grund der verwendeten Symbole und literarischen Metaphern eine außerliterarische Erfahrung bewirken

71

können" (Pesch 2001, 177).

Dass die Wissenschaft nun nüchterne Auskunft über ferne Länder und die Beschaffenheit der Elemente geben konnte, zwang die Erzählerinnen und Erzähler, den Zauber, die Exotik und das Unbekannte, die von einem bestimmten Publikum primär nachgefragt werden und die als Topos an sich schon bei weitem Erzählanlass genug sein können, immer weiter hinauszuschieben.

Als Antwort auf all diese beunruhigenden Entwicklungen gab es zunächst einen Boom der Abenteuerliteratur. Henry Rider Haggard schickte seinen *Allan Quatermain* ebenso in den tiefen Dschungel wie Edgar Rice Burroughs seinen *Tarzan* oder Arthur Conan Doyle seine Erforscher der *Lost World*.[64] Doch schon bald reicht es nicht mehr aus, das Wundersame auf der realen Erde zu suchen und die Erzählenden lassen ihre Helden in imaginäre Zeiten und Welten ausweichen oder berichten überhaupt gar nicht mehr von Menschen, die unserer Erde entstammen. Das Genre der phantastischen Literatur verlegt seinen Schwerpunkt auf Science Fiction und Fantasy, denen es erlaubt ist, ja von denen erwartet wird, Welten zu betreten, die dem desillusionierenden und entzaubernden Zugriff der wissbegierigen irdischen Forscher der realen Welt sicher entzogen sind. Fantasy, wie auch Science Fiction, ist Literatur, die Grenzen überschreitet; auf Erden wurden seinerzeit die Grenzen rar, die noch erzählend überschritten werden konnten.

Die Veränderung der sozialen und wirtschaftlichen Lage in Europa und Nordamerika, die sich auch zu etwa dieser Zeit als so genannte Erste Welt heraus zu kristallisieren begannen (auch wenn der eigentliche Terminus noch Jahrzehnte nicht in Gebrauch kommen würde), schlug sich etwas später aber dann vielleicht sogar noch heftiger in der phantastischen Literatur nieder. Die sich ändernde Lebens- und Arbeitsweise war nicht nur für viele Menschen deprimierend und ließ sie deshalb wenigstens in Erzählungen nach Erklärung, Fluchten und Utopi-

72

en suchen, sie zog auch eine Änderung der gesellschaftlichen und administrativen Strukturen (Bürokratie!) nach sich, die das tägliche Leben immer undurchschaubarer und fremdbestimmter erscheinen ließen. Die von Menschen verursachten Katastrophen zu Beginn des 20. Jahrhunderts, besonders der Erste Weltkrieg und die Große Depression der Weltwirtschaftskrise, verliehen ehedem schlecht zu artikulierenden Ängsten ein existenzbedrohendes Gesicht. Die phantastische Literatur, und nun in besonderem Maße die Fantasy als ihr Subgenre, nahmen zivilisationskritisch die Gefühle der Unüberschaubarkeit, der Unsicherheit und der Angst auf und verarbeiteten sie, wenn auch auf sehr unterschiedliche Weisen. Denn nur scheinbar paradoxerweise verhält es sich so: „fantasy – things as they cannot be – is very often direct critique of things as they are" (Hunt 2001, 8). Fantasy kann somit auch „heuristische Funktionen" übernehmen und zu „einer Bewältigung der Realität beitragen" (Pesch 2001, 178).[65]

Das umfasst auch implizite Formen der Kritik, die im Empfinden von Lücken und Leerstellen wurzeln. 1927 etwa erwartete Lovecraft einen weiteren Anstieg der in Magazinen wie *Weird Tales* und zahlreichen Buchveröffentlichungen in Großbritannien seinerzeit sowieso schon boomenden phantastischen Literatur und begründete dies mit einer sich seiner Meinung nach steigernden „mystischen Strömung". Das Anheben dieser Strömung sah er begründet als einerseits „matte Reaktion von Okkultisten und religiösen Fundamentalisten auf materialistische Entdeckungen" (Lovecraft, 1995, 137), also ganz im Sinne der schon von den Romantikern auf den Szientismus des 18. und 19. Jahrhunderts gezeigten Zu(rück)wendung zum Phantastischen, aber interessanterweise andererseits auch als eine Art kreativer Aneignung der neuesten Erkenntnisse der modernen Wissenschaft dadurch

„daß die erweiterten Horizonte und die durchbrochenen Schran-

73

ken, die uns die moderne Wissenschaft mit ihrer interatomaren Chemie, ihrer fortschreitenden Astrophysik, ihren Relativitätslehren und ihren tiefgreifenden Untersuchungen zur Biologie und zum menschlichen Denken beschert hat, unser Staunen und unsere Phantasie stimuliert haben" (Lovecraft 1995, 137).

Das Staunen und die Phantasie werden dabei durch die Lücken und die Leere stimuliert, die das Denken innerhalb der wissenschaftlichen Erklärungen entdeckt. Eine Leere, die bei aller Sektionsarbeit doch das Gefühl nicht zu unterdrücken vermag, dass ein erfahrbares Ganzes aus mehr als der Summe seiner Einzelteile bestehen kann. Hier springt die phantastische Literatur, besonders die Fantasy, mit eigenen Erklärungen und Ideen ein. Ursula Le Guin schreibt:

> „realism is perhaps the least adequate means of understanding or portraying the *incredible* realities of our existence. A scientist who creates a monster in his laboratory; a librarian in the library of Babel; a wizard unable to cast a spell; a space ship having trouble in getting to Alpha Centauri: all these may be precise and profound metaphors for the human condition. The fantasist, whether he uses the ancient archetypes of myth and legend or the younger ones of science and technology, may be talking as seriously as any sociologist – and a good deal more directly – about human life as it is lived; and as it might be lived; and as it ought to be lived." (Le Guin 1979, 58; meine Hervorhebung)

Moderne Fantasy

Die einzelnen Strömungen der implizit wie explizit von Fantasy formulierten Kritik können hier nur anhand weniger Beispiele angedeutet werden. Ein Fantasy- und Horrorautor wie der amerikanische Dichter und Bildhauer Clark Ashton Smith

74

(1893 – 1961) antwortet anfangs des 20. Jahrhunderts auf die zeitgenössischen Phänomene mit düsteren Endzeitvisonen, paradigmatischen Beispielen für Dark Fantasy. Die Kurzgeschichten seines *Zothique*-Zyklus spielen in einer Millionen von Jahren entfernten Zukunft auf einer durch das langsame Verlöschen der Sonne zum Untergang verurteilten Erde, auf der die letzten Menschen, die die heutige Technik gegen den allfälligen Gebrauch von Magie eingetauscht haben, sich dekadentesten Ausschweifungen und sadistischen Vergnügungen hingeben. Die einzelnen Geschichten Smiths haben nur selten einen glücklichen Ausgang, üblicherweise weil sie von moralisch eher zweifelhaft handelnden Zauberern oder Abenteurern berichten, die ihr selbst bereitetes Schicksal auf Grund von Machtmissbrauch und Egoismus völlig verdient haben.

Necropolis – das Reich der Toten etwa berichtet von zwei Nekromanten, also Zauberern, die sich auf die Totenbeschwörung spezialisiert haben, die ein ganzes untergegangenes Reich wieder auferstehen, für sich arbeiten lassen und dabei Völlerei, Trunksucht und nekrophile Akte zu ihrem üblichen Tagesablauf werden lassen. Es gelingt zweien der versklavten (Un-)Toten jedoch, ihren Willen wiederzufinden und die beiden Nekromanten zu besiegen, die ihren eigenen Zaubersprüchen zum Opfer fallen und auf ewig einsam, Schmerzen leidend und verstümmelt weiter existieren müssen, während die befreiten Toten in ihr verdientes Grab sinken dürfen.

Ilalothas Tod lässt die Lesenden am verdienten Ende einer Königin teilhaben, die einer Untertanin – der Titel‚heldin‘ Ilalotha – den Geliebten raubte. Diese verwandelt sich durch schwärzeste Magie in einen Sukkubus, der den Geliebten bestialisch durch Sex tötet – was für das frühe 20.Jahrhundert sehr detailfreudig beschrieben wird – und die Herrscherin damit in den Wahnsinn treibt.

Schon parabelhaft ist *Xeethra*, die Geschichte eines Königs, der sein Land durch Untätigkeit und Feigheit in den Untergang

75

treiben lässt und dann durch eine Art Seelenwanderung gezwungen wird, das Ende seines Reiches und die eigene Unfähigkeit immer wieder zu erleben. Denn Xeethra lernt nicht dazu und wird aus dem Teufelskreis wohl nie ausbrechen.

Es sind orientalisch inspirierte Verfalls- und Untergangsgeschichten, die Smith da in düstersten Farben malt – der absolute Meister des Horrors Lovecraft schreibt über ihn, keiner der zeitgenössischen Schriftsteller verstehe es wie Smith, den „kosmischen Schrecken" glaubhafter aufs Papier zu bringen (vgl. Lovecraft 1995, 92) –, in denen der Mensch es immer wieder schafft, den sowieso schon ausreichend Schrecken erregenden Untergang der Erde durch selbstgemachten Schrecken zu übertrumpfen. So verstanden ist dies dunkelste Fantasy, die man durchaus als zynische Reaktion auf die Zeit des Weltkrieges und der Weltwirtschaftskrise lesen kann. Entsprechend gehören die Arbeiten Smiths zum Subgenre der Dark Fantasy,[66] für das Smith einer der einflussreichsten Vertreter war.

Der US-Amerikaner Robert E. Howard (1906 - 1936), sein Hauptwerk wurde während der großen wirtschaftlichen Depression in den 1930er-Jahren geschrieben, antwortet auf die Phänomene seiner Zeit mit der Erfindung von Selfmade-Helden, die undurchsichtige Verhältnisse und Umstände mit dem Schwert in der Hand wegräumen – wahrscheinlich ein Wunschbild von Millionen Menschen, die in jener Zeit den wirtschaftlichen Ruin erfuhren. Letztlich wurde Howard damit zu einem der einflussreichsten Fantasyschriftsteller überhaupt.[67]

Die wichtigsten Helden Howards, der eine ganze Reihe mehr als die drei genannten erfand, sind Solomon Kane, der Barbarenkönig Kull und Conan. Kane, ein eher untypischer Howardscher Gentleman-Held, ist eine Allan Quatermain sehr ähnliche Figur, die in das Reich der Abenteuerliteratur gehört und hier von geringerem Interesse ist. Kull ist schon König, wenn er das erste Mal auftritt, Conan schlägt sich erst durch ei-

76

ne längere Reihe von Kurzgeschichten, ehe er sich aus eigener Kraft einen Thron erobert. Beides sind „Barbaren", ein Wort unter dem Howard in erster Linie eine Art moralischer Zivilisationsunabhängigkeit verstand. Mit Kull, vor allem aber Conan, begründete Howard das Subgenre der kampf- und actionzentrierten Sword & Sorcery (vgl. Carter 1973, 62f.).

Die Plots der Howardschen Fantasy sind zwar keinesfalls so stereotyp wie diese viel zu kurze Vorstellung suggerieren mag, sie weisen aber doch gewisse durchgängige Handlungsmuster auf, die sich darin zusammenfassen lassen, dass die Helden Kull oder Conan auf Gegner treffen, die von Machtmissbrauch korrumpiert sind und sich auf einen großen oder übernatürlich effektiven Apparat von Dienern, Gehilfen oder Untertanen stützen können, die ihre Position und Schätze absichern. Meist werden sie auch von übernatürlichen Kräften, Wesen oder Fähigkeiten geschützt. Kull und Conan treten demgegenüber allein oder in einer kleinen Gruppe auf und verfügen nicht über all die Machtmittel ihrer Gegner. Allein auf Grund ihrer rein menschlichen Fähigkeiten (auch wenn sie mit Kraft, Willen in einem Ausmaß gesegnet sind, wie dies üblicherweise von Menschen nicht erwartet werden kann) gelingt es ihnen den übermächtigen / übernatürlichen Widersacher zu besiegen.

Es ist einmal natürlich die Inkarnation des amerikanischen Traums, über alle Maßen seines Glückes Schmied sein zu können, die sich hier ausdrückt (erwähnte ich, dass Howard Texaner, also nach eigener Überzeugung frontier man, war?). Aber der Furor, der sich in den gewaltigen wie gewalttätigen Beschreibungen der Abenteuer besonders Conans niederschlägt und mit dem der Einzelheld sich gegen Armeen und Herrscher durchsetzt, ist vor allem Ausdruck der Wut und Verzweiflung sowie das bewusste oder unbewusste Ausleben von Wunschträumen angesichts einer als ungerecht und undurchschaubar empfundenen Welt, die Howard sowohl als Zeitzeuge wie als persönlich Betroffener erlebte. „Ein bitterer Unterton haftet der ganzen Serie an" (Louinet 2003, 20).

Damit trifft Howard, für den „personal liberty [...] the prime political principal" war (Sprague de Camp 1976, 148), den Zeitgeist recht gut, der vielfach in ohnmächtiger Wut vor den politischen und wirtschaftlichen Ereignissen stand, und wenigstens Kull und Conan diese Wut stellvertretend ausagieren lassen konnte. Howard sagte einmal über seine Geschichten: „Wenn jemand eine Story über Conan liest, dann kann er in der Tiefe seines Wesens wieder die barbarischen Impulse spüren; und folglich *handelt Conan wie die Leser* unter ähnlichen Umständen gehandelt hätten" (Howard zit. n. Louinet 2003, 21; meine Hervorhebung).

„Offenbar kann der größte Teil von Howards Werk – und namentlich der Conan-Stories – als Bearbeitung des Themas »Barbarei gegen Zivilisation« verstanden werden, wobei Howard unbeirrt auf der Seite der Barbaren steht" (Louinet 2003, 19). Howards Werk ist, wenn man Stil und Diktion einmal intensiv auf sich wirken lässt, eine von Verzweiflung getragene Zivilisationskritik, die selbst einen grausamen Gott wie Crom als freundlicher, weil ehrlicher(!), erscheinen lässt als alle Errungenschaften von Moderne und Zivilisation. Allerdings erschöpft sich die Gestaltung der Howardschen Welt wohl nicht in Zivilisationskritik. Eine gewisse juvenile Begeisterung für die unbesiegbaren Machos Conan und Kull dürfte auch ein Grund für die Erschaffung dieser Heldentypen sein. Edgar Hoffman Price nannte Howard nicht zu Unrecht einen „overgrown boy" (zit. n. Sprague de Camp 1976, 153). Und auch zur Erklärung des bitteren Untertons gibt es wohl eine zusätzliche Erklärung in den psychischen Problemen Howards, die letztlich zu seinem frühen Suizidtod im Alter von nur 30 Jahren geführt haben dürften (vgl. 154f.).

Eine weitere Reaktion auf die Unübersichtlichkeit und die Angst ist die Hinwendung zu einer ‚guten alten Zeit', in der al-

78

les einfacher und klarer sowie vermeintlich in bestechendem Schwarz und Weiß gezeichnet war. Autoren wie William Morris und Lord Dunsany, obwohl persönlich wahrscheinlich kaum zu ängstlichem oder konfliktvermeidendem Eskapismus[68] neigend (vgl. S. 80 u. 82), sind prototypische Autoren, die eine an die spätmittelalterliche und neuzeitliche Romanze angelehnte Welt erfinden, die zumindest oberflächlich klar strukturiert ist.[69] Diese Richtung wird heutzutage in der Regel unter dem Namen High Fantasy als eigenes Subgenre wie jenes der Untergattung Sword & Sorcery oder der Dark Fantasy behandelt. Ihre bis heute stärkste konservativ[70] geprägte zivilisationskritische Ausrichtung fand die High Fantasy dann in der Welt Mittelerde des britischen Professors J.R.R. Tolkien (vgl. Weinreich 2005a).

Es ist also kein Zufall, dass die Fantasy gegen Ende des 19. Jahrhunderts entstand, denn nun sind alle Ingredienzen für die Ausformung des Genres vorhanden: erstens das mythische Erzählerbe der letzten viertausend Jahre; zweitens die geistesgeschichtliche Entwicklung von Rationalismus, Primat der Empirie und Aufklärung zum rationalistischen Weltbild als vorherrschender Weltanschauung; drittens ein erstes Aufbegehren genau dagegen von Seiten der Romantik und mystisch orientierter Denkströmungen sowie viertens einschneidende soziale, wirtschaftliche und wissenschaftsgeschichtliche Umbrüche, die auch die Literatur vor neue Aufgaben stellen, die Geschehnisse und Entwicklungen auf neue Weise in den jeweiligen Zweigen der realistischen und der phantastischen Literatur zu deuten und zu verarbeiten. So findet sich denn auch in Form von William Morris, der 1894 und 1896 mit *The Wood Beyond the World* und *The Well at the World's End* die ersten vollkommen ins Genre Fantasy passenden Romane publizierte,[71] der erste Vertreter dieser Literaturgattung. Morris gilt seitdem auch als „Vater" der Fantasy (Carter 1973, 20), seine „stories contain many characteristics that have come to be permanently identified with fantasy" (Mathews 2002, 38). Einzig der Schotte George Mac-Donald (1824 – 1905) schrieb noch vor Morris mit *Phantastes* und *Lilith* zwei Feenromanzen, die ebenfalls zu den Klassikern der Fantasy gezählt werden können, die aber noch eher Wegbereiter für Kafka und psychologisch interessierte Schreibende der Moderne waren, als dass sie der nachfolgenden Fantasy den Weg gewiesen hätten.

William Morris (1834 – 1896) war ein Mann mit einer Vielzahl von Talenten, der heute als Fabrikant, Sozialreformer, bildender Künstler und einer der ersten britischen Sozialisten sowie heftiger Kritiker des viktorianischen England vielleicht bekannter ist, denn als Schriftsteller und Fantasyautor.[72] Morris studierte in Oxford und arbeitete als angestellter Architekt bevor er mit Freunden eine Firma für Möbel, innenarchitektonische Arbeiten und Design gründete, die sofort ein großer Erfolg wurde. Er gründete mit anderen die in Kunstkreisen bald Berühmtheit erlangende Präraffaelitische Bruderschaft und eine Gesellschaft für den Erhalt historischer Bauwerke, die zur Keimzelle des National Trust wurde, einem der wichtigsten Vertreter des Gedankens des Denkmal- und Nationalerbeschutzes weltweit. Mit seiner Tochter May sowie Eleanor Marx, der jüngsten Tochter von Karl Marx, und Friedrich Engels begründete er die sozialistische Bewegung in Großbritannien. Im Gegensatz zu diesen beruflichen und künstlerischen Erfolgen stand allerdings ein von Verlusterfahrungen und häuslichem Unglück geprägtes Privatleben.[73] Und dann, allerdings erst gegen Ende dieses Lebens, das Errungenschaften für mindestens drei Menschen erbracht hatte, wurde er also auch noch zum Vater der Fantasy. Der erste ‚echte' Vertreter des Genres widerlegt also schon die These von der intellektuellen Insignifikanz der Autorinnen und Autoren des Fantasygenres auf das Herrlichste.

Morris' Interesse für das Genre wurzelt in einer langjährigen Begeisterung für die Gothic Novel einerseits und die mittelalterliche, englische Literatur anderseits.[74] Seine ersten literarischen Arbeiten bestanden aus Romanzen im Stile und der Thematik früherer Zeiten, besonders aber der mittelalterlichen englischen Literatur; Frye spricht bei ihm von einem „encyclopaedic approach to romance" (Frye 1876, 4).

Morris legte in seinen Geschichten auf sechs Dinge wert, die die Fantasy, die er nach Mathews Meinung damit entwickelte,[75] bis heute prägen: Erstens althergebrachte Lebensweisen als gesellschaftlich-politisches Setting seiner Geschichten, die von Neuzeit und Moderne deutlich abgesetzt sind und zumindest in der High Fantasy zu größten Teilen ebenfalls den Hintergrund der Erzählungen bilden. Zweitens die besondere Rolle der Geographie bzw. der durchdachten Glaubhaftigkeit seiner imaginären Welten, die bis heute in den Augen des Publikums ein wichtiges Qualitätskriterium von Fantasy darstellt. Drittens das Hervorrufen eines Gefühles von Verlust, das viele Geschichten des Genres durchzieht und die Leserinnen und Leser trotz glücklichen Ausganges der Geschichten in ein melancholisches Erleben der Erzählungen driften lässt.[76] Viertens nimmt die Darstellung ethischer Prinzipien eine zentrale Rolle ein, was auch auf Kosten der psychologischen Feinzeichnung der Charaktere geht, aber bewusst in Kauf genommen wird, um der Moral das inhaltliche Primat in den Geschichten zu geben. Neben der Unterhaltungsfunktion ist das oftmals die wichtigste explizite Funktion nachfolgender Fantasy. Sie findet sich in gleicher Ausprägung selbst bei auf die Psyche fokussierenden fantastischen Bildungsromanen wie *Harry Potter*, dessen Geschichten viel von ihrer Attraktivität aus dem Konflikt von jugendlich-aufgewühlter Psyche und von außen herangetragenen Moralprinzipien bezieht. Hierin mag sich die sozialreformerische und sozialistische Grundeinstellung von Morris widerspiegeln. Fünftens zwingt Morris die Rezipienten zur aktiven Aneignung der imaginären Welt und sechstens spielt die Sprache, als Schöpfungswerkzeug innerhalb der Geschichten wie auch als Darstellungswerkzeug in ihrem Verhältnis zu den Rezipierenden eine bedeutende Rolle. Beides sind Erkennungsmerkmale auch noch der modernsten Fantasy, etwa bei Tad Williams, der sonst in Aufbau und Tempo seiner Geschichten nahezu das Gegenteil von Morris darstellt.

Ein nicht weniger erfülltes, aber privat wohl glücklicheres Leben als William Morris führte der nächste wichtige Vertreter der High Fantasy der ebenfalls nicht gerade insignifikant zu nennende irische Schriftsteller Edward John Moreton Drax Plunkett, besser bekannt unter seinem Adelstitel Lord Dunsany. Lord Dunsany war 18. Träger des Titels Baron von Dunsany, einer bis ins 12. Jahrhundert zurückreichenden Familie, deren Beginn als Raubrittergeschlecht zu Zeiten des Lords aber überwunden waren. Doch wusste Dunsany schon aus Erzählungen seiner Väter und Onkel um Art und Unart des Adels. Er war Offizier im Burenkrieg und im Ersten Weltkrieg, er war ein zu seiner Zeit bekannter Sportler, Jäger und Abenteurer sowie irischer Schachgroßmeister. Seine ungebrochene Bekanntheit verdankt sich allerdings seinen schriftstellerischen Arbeiten und darunter vor allem seinem berühmtesten Werk *The King of Elfland's Daughter*, das, völlig undisputiert, zu den Meisterwerken des Genres zählt und nicht zuletzt wegen seiner stilistischen Brillanz auch in diesem Buch die Motti für sämtliche Kapitel liefert.

Es sind vor allem der Stil und die sprachliche Qualität, wegen derer ich Lord Dunsany an dieser Stelle hervorheben möchte. Er schrieb in einem „ultimately sui generis mix of rhythms and vocabulary from the King James Bible and Celtic revival poets and tale-tellers [...] like William Butler Yeats" (Clute/ Grant 1997, 302). Als reiner Fantasy-Schriftsteller war er nicht so produktiv, wenn man ihn mit vielen anderen Autorinnen und Autoren der Zunft vergleicht, er war jedoch in anderen Genres umso arbeitsamer. In seinen phantastischen Werken aber kommt der Stil und die ganze Brillanz Dunsanys zum Tragen, denn Fantasy lebt von Sprache und von dem Erfinden phantastischer Orte, Personen, Tiere, Welten und Ereignisse. Dieses Erfinden geschieht im Medium Sprache, und das Prägen von Worten macht einen wesentlichen Teil dieser Erfindungen aus.[77] Im Prägen von Worten aber gab es vielleicht keinen anderen Autoren, der Dunsanys Ästhetik erreichte.

Lord Dunsany schrieb größtenteils Kurzgeschichten und Lyrik. Im Bereich der Fantasy erschuf er eine Welt namens *Pegana,* in der er zwischen 1905 und 1919 eine ganze Reihe von Erzählungen spielen ließ. Die größte Bekanntheit aber erreichte *The King of Elfland's Daughter* von 1924. Es ist die Geschichte des jungen Alveric, Sohn des Herrschers des Landes Erl und seiner Liebe Lirazel, der Tochter des Elfenkönigs, der in einem nicht näher bestimmten, aber sicherlich nicht völlig innerhalb der Grenzen der physischen Welt liegenden Reich regiert. Alveric dringt in das Elfenland ein und gewinnt das Herz Lirazels. Die kommt mit in die normale Welt, gebiert einen Sohn und hält es trotz der Liebe zu Mann und Sohn nicht in der profanen Realität aus. Mit Hilfe der Magie ihres Vaters flieht sie zurück ins Elfenland wo sie aber auch nicht mehr glücklich wird, während Alveric und ihr Sohn jeder auf seine Weise an der normalen Welt verzweifeln und die magischen Lande suchen. Es ist eine in wunderschönen Worten geschriebene, im Vergleich zur heutigen Fantasy sehr ruhige, nahezu völlig actionfreie Geschichte über die Unvereinbarkeit von profaner und magischer Welt und darüber, dass doch die eine Realität ohne die andere nicht sein kann und dass niemand glücklich wird, der beide kennt und dann auf eine von beiden beschränkt sein Leben fristen muss.

Das ist ein ganz typisches Thema für die Fantasy und zeichnet für vieles an genretypischer Melancholie verantwortlich. Hier spiegelt sich natürlich im Grunde auch die alte Geschichte der vermeintlichen, aber im frühen 20. Jahrhundert besonders stark empfundenen, Unvereinbarkeit von Logos und Mythos wider. Zugleich drängt sich aber bei Dunsany, ohne dass es allerdings in der Geschichte dazu kommt, dafür ist sie zeitgemäßer Überzeugung nach eben nicht in der Lage, die Lösung für das Problem von Logos und Mythos auf – sie müssen als Ganzes begriffen und denkend und fühlend als Ganzes erfahren werden.

Doch Fantasy besteht nicht nur aus High Fantasy und dem vermeintlichen ‚hack´n slash' von Sword & Sorcery, sie umfasst ein weites Gebiet, das nicht nur zahlreiche verwandte, aber unterscheidbare Nachbargenres wie die Science Fiction und die Märchenformen aufweist, sondern auch innerhalb ihrer Grenzen Raum für Experimente bildet. Experimente wie das des Engländers David Lindsay (1876 – 1945), eines wenig bekannten und auch wirtschaftlich völlig erfolglosen Schriftstellers, der mit *A Voyage to Arcturus* ein surreales Meisterwerk geschaffen hat.[78] Oder Experimente wie die *Gormenghast*-Trilogie des amerikanischen Malers und Schriftstellers Mervyn Peake, der mich in seiner Exzentrik und dem innovativen Erzählstil besonders an James Joyce erinnert. Lindsays Werk aber soll an dieser Stelle exemplarisch belegen, wie weit die Grenzen der Fantasy gesteckt werden können, da es in seiner misanthropischen Grundhaltung und pessimistischen Weltsicht zudem einen Prototyp für eine bestimmte inhaltliche Ausrichtung der Fantasy darstellt, wie er in der phantastischen Literatur allgemein nicht ungewöhnlich ist, für die Fantasy aber recht atypisch erscheint.

Lindsay war ein Mann, über den nicht sehr viel bekannt ist,[79] was sicherlich auch an seiner zu Lebzeiten ausgeprägten Erfolglosigkeit lag. Er arbeitete bis zum Ersten Weltkrieg als Versicherungsangestellter, wurde im Krieg Soldat und beschloss nach dem Krieg, Schriftsteller zu werden. Es ist wohl nicht unzulässig anzunehmen, dass Lindsay zu den Menschen gehörte, die die speziellen Schrecknisse dieses Krieges literarisch verarbeiten wollten. Tolkien und T.S. Eliot sind bedeu-

84

tend bekanntere Beispiele dafür, aber Stil und Inhalt der Reise nach Arcturus deuten daraufhin, dass ihn Ähnliches bewegte (vgl. Clute 2002). *Voyage* entstand sofort nach dem Krieg und erschien 1920. Von der ersten Auflage wurden nur 600 Stück verkauft und zunächst gab es keine weitere. Lindsay versuchte sich auf andere Weise und in anderen Genres verständlich zu machen, doch seine pessimistische Philosophie fand beim Publikum in keiner Weise Gehör. Das änderte sich im Laufe der Jahre im Falle der *Voyage*. Die Auflagenzahlen blieben gering, aber in jeder Generation der Leserschaft gibt es eine kleine Gemeinde, die das Werk für sich entdeckt und vor dem Vergessen bewahrt.

Die Geschichte erzählt von der Reise eines Mannes auf einen nicht bloß phantastischen, sondern surreal anmutenden Planeten, eben Arcturus. Nicht nur die Landschaft, Fauna und Flora sind bizarr, auch Moral und gesellschaftliches Leben sind von bemerkenswerter und ebenso anziehender wie abstoßender Fremdheit. Im Grunde überzeichnet Lindsay jedoch nur, was auch in der realen Welt erlebt werden kann. Die Überzeichnungen sind grotesk, die Beiläufigkeit mit der sich immer wieder Brutalität Bahn bricht (auch durch den Helden) ist abstoßend, doch in dieser Geschichte und ihrer Aussage ist das alles genau am richtigen Platz. Es ist eben keine schöne Geschichte, aber es ist auch keine schöne Lebensphilosophie die Lindsay da zum Ausdruck bringt. Er vertritt diese Philosophie jedoch nicht etwa, er leidet an ihr, das zeigen Stil und Duktus deutlich.

Die Welt Arcturus ist gnostisch gedeutet, ihre materielle Verfasstheit ist schlecht und korrupt (Clute 2002, XIII), aber anders als die Lehren der Gnosis, die an die Möglichkeit zum Ausbruch aus der Bosheit der materiellen Welt glauben, erfährt Lindsays Held Maskull seine Reise nach Arcturus als ein Sisyphuserlebnis, aus dem es keine Rettung gibt. Nicht in Stil und Inhalt, aber in der Aussage erinnert das sehr an Eliots *Waste*

85

Land und wird so auch nach Lindsays Tod gewürdigt und immer wieder gelesen. Die Auslöser für Lindsays pessimistische Weltsicht sind in der Realität ja weiterhin alle vorhanden.

„Fantasy ist eine lebendige, sich stets ausweitende Literatur", so die völlig richtige Aussage Le Blancs (2003, 6), das heißt dann aber eben auch, dass schöne Ritterspiele in der Art Thomas Malorys nicht alles sein können, was das Genre umschließt. Dann muss auch das Kranke und die Unheilbarkeit von (Welten-, Gesellschafts-)Krankheit thematisiert und allegorisiert werden können. Rosemary Jackson hielt fest, dass Fantasy immer mit der Überschreitung und Auflösung von Grenzen zu tun habe. Dann müssen Grenzen auch innerhalb des Fantasykorpus überschritten und eingefahrene Wege verlassen werden, so wie Lindsay es auf ungewohnte, schwierige und teilweise verstörende und unangenehme Art und Weise tut, der damit als prototypisches Beispiel für die Weite des Genres steht.

Damit sind die wichtigsten Punkte der Fantasyliteratur anhand einiger Beispiele erwähnt. Die eigentliche Geschichte des Genres hat mit Lindsay 1920 oder Lord Dunsanys Königstochter aus dem gleichen Jahr allerdings gerade erst begonnen. Doch ist dies Buch keine historische Bibliographie der Fantasy, sondern eine Einführung in das Genre, besonders eine Einführung in das Wesen und die Funktionen und Bedeutungen des Genres. Dazu dienten die Beispiele dieses Abschnittes und dazu werden die Ausführungen über Tolkien, McKiernan und Le Guin im Folgenden noch dienen. Sicher hätte man James Branch Cabell, T.H. White, Alan Garner, Patricia McKillip, Stephen R. Donaldson, Michael Moorcock, George R.R. Martin, Elaine Cunningham, Terry Pratchett, Fletcher Pratt, Fritz Leiber, Raymond Feist oder deutschsprachige Publizierende wie Cornelia Funke, Wolfgang Hohlbein oder Bernhard Hennen und viele, viele andere auch besprechen können und ich werde mir wohl Kopfschütteln bis Zorn zugezogen haben, auf

86

all diese und andere wichtige Schreibende nicht eingegangen zu sein. Ich bitte also um Verzeihung, dass jetzt nicht wichtige oder viel wichtigere andere Autorinnen und Autoren und ihre Werke aufgezählt werden, aber die obige subjektive (!) Auswahl dient den hier geforderten Zwecken zur Genüge und damit hoffentlich auch einem besseren Verständnis des Genres. Eines Genres, das über das Buch hinausgeht und in vielen Darstellungsformen auftritt, die in der Folge beleuchtet werden sollen.

Kunst, Musik, Film und Spiel

Denn jetzt möchte ich nach der Konzentration auf das Buch[80], in völlig unziemlicher Kürze und sicherlich auch wieder zum Verdruss einiger, auf Fantasykunst in Form von Film, Kunst Musik und Spielen eingehen. Wobei die unziemliche Kürze so unangebracht gar nicht ist, da sie dadurch gerechtfertigt wird, dass die bisher allein am Buch oder der Überlieferung orientierten Ausführungen über Fantasy eigentlich schon alles Fantasyspezifische aussagen, was es über dergleichen in Filmen, Kunstwerken oder Spielen zu sagen gibt. Fantasy in Film, Vertonung, Kunst, Brett-, Rollen- und Computerspiel unterliegt der gleichen Definition wie das Buch, ihre Herkunft wie ihr Erfolg und ein Großteil ihrer Wirkung beruhen ebenso auf dem Mythos und mytheninspiriertem Denken und Fühlen und auch die Topoi sind keine wesentlich anderen. Was noch zu sagen bleibt, bezieht sich auf medienspezifische Aspekte und deren Bedeutung für die Rezeption in anderer als der Buchform.

Das geschriebene oder auch gesprochene Wort wirkt durch Sprache unmittelbar auf das Denken und Empfinden der Rezipienten ein. Fantasykunst – Kunstwerke mit Motiven, die der Fantasy im engeren Sinne ihrer Definition zugesprochen werden können, seien es Bilder, Skulpturen oder Arrangements verschiedenster Art – wirkt visuell vermittelt auf das Publikum. Sie ist darin dem Film ganz verwandt, aber doch anders, da ihre Statik andere Eindrücke produziert als die Dynamik des Filmes. Wie die narrativen Formen Buch, Comic oder Film können jedoch auch Malerei und Skulpturen zur Fantasy gezählt werden, da auch sie eine Geschichte erzählen können oder einen Augenblick aus einer Geschichte abbilden, die vorher begann und hinter dem Ausdruck des Kunstwerkes fortfährt (vgl. Clute/ Grant 1997, 339). Der Comic oder die Bildromane liegen irgendwo dazwischen, die Statik des Kunstwerkes hinter sich lassend und die Dynamik des Filmes noch nicht erreichend. Jedenfalls ist das visuelle Erleben der denkenden und fühlenden Aneignung der Fantasy in diesen Fällen vorgelagert. Das bedeutet für den Künstler und die Erzählerin, für die Kommunikatoren also, dass sie ihr Publikum, die Rezipienten, auf eine zusätzliche Weise ansprechen können (bei Verfilmungen sogar auf zwei zusätzliche Weisen, da Geräusche und Musik dazu kommen). In der Regel bewirken die zusätzlichen Kommunikationskanäle Visualisierung und Vertonung eine größere Intensität des Eindrucks und damit verbesserte Steuerungsmöglichkeiten für die Kommunikatoren. Die Rezipienten erleben das Erzählte dadurch schneller und intensiver, verlieren aber auch an Vorstellungsfreiheit, da die Visualisierung die Imagination des Dargestellten seitens der Rezipienten viel stärker festlegt, als es die Erzählung durch bloße Worte vermag.

Für die Malerei können die Illustrationen von Frank Frazetta (*1928) als Beispiel[81] für diese These dienen. Frazetta ist der vielleicht prominenteste Vertreter der sogenannten „thunder and guts"-Schule der Fantasy-Malerei. Und Donner und Eingeweide beschreibt ganz gut, wo die Schwerpunkte dieser Schule liegen. Die Personen sind fotorealistisch jedoch mit übertriebenen Körpermerkmalen – übermenschlich schwellende Muskeln bei den Männern, bis an die Grenze der Parodie übertriebene sekundäre Geschlechtsmerkmale bei den Frauen – dargestellt,

88

die Monster werden äußerst detailreich wiedergegeben und auch Landschaft und Architektur neigen zu übertriebenen Proportionen und natürlich zu exotischen Themen. Das aber passt zu Sword & Sorcery und hat eine eigene Ästhetik (die gar nicht dazu gedacht ist, ernstgenommen zu werden, sondern mit einem Augenzwinkern gezeichnet wird). Ursprünglich als Eye-Catcher für die amerikanischen Billigbuchreihen wie *Weird Tales* entwickelt, hat sich aus dieser Kunstrichtung ein eigener Darstellungsstil der Fantasy entwickelt, der in seiner kraftvollen Expressivität ein gutes Beispiel dafür ist, wie die Visualisierung das Erleben von Fantasy beeinflussen kann.

Ein völlig anders geartetes Beispiel von Fantasykunst ist das Werk der Grafikerin und Illustratorin Anke Eissmann[82], die sich in der Fantasygemeinde besonders als Interpretin der Werke Tolkiens einen Namen gemacht hat. Ihre Arbeiten sind meist in Aquarelltechnik ausgeführt und zeichnen sich durch blasse Farben, fließende Formen und eine gewisse Vagheit aus, die die Melancholie von Tolkiens Welt und besonders den Traumcharakter der mittelerdischen Feenwesen, der Elben perfekt transportieren, aber auch ihre liebsten Motive, Menschen und Hobbits in ein verzauberndes Licht rücken. Mit diesem Stil steht sie sozusagen als Gegensatz zur „thunder and guts"-Schule da.

Fantasykunst beginnt jedoch, wie die Fantasy selbst, weit vor dem Auftauchen von eigentlicher Fantasy (Grant/ Clute 1997, 339). Ihre Artefakte sind sogar noch älter, da sie im Gegensatz zur oralen Tradition gegenständlich festgehalten wurden. Früheste Beispiele sind die steinzeitlichen Höhlenmalereien – etwa die von Altamira oder Lascaux – die auch magische und religiöse Motive aufweisen. Diese Kette der fantasymotivierten Kunst riss nie mehr ab und bescherte so begeisternde Skulpturen wie die *Zeusstatue* des Phidias (456 v. Chr.), die *Chimäre von Arezzo* (5. Jahrhundert v. Chr.) oder die *Nike von Samothrake* (um 190 v. Chr.). Zu ihr gehören Meilensteine der Malerei von Künstlern wie Hieronymus Bosch, Max Ernst, Salvador Dalí und René Magritte, die in vielen ihrer Bilder phantastische Motive verewigten, die auch in der Fantasymalerei ihren Platz fänden.

Das Erleben der darstellenden Kunst in der Fantasy ist völlig subjektiv, so dass sich nicht intersubjektiv sagen lässt, ob die größere Intensität der Darstellung den Verlust an Imaginationsfreiheit aufwiegt.[83] Da heißt es, den Kunstgenuss einfach auszuprobieren. Besonders wenn die Kunstwerke an bestimmte Erzählungen angelehnt sind und man diese nach Betrachten der Kunst liest, so erschließt sich der persönliche Einfluss, den die bildliche Darstellung auf das eigene Erleben hat.

Etwas anders verhält es sich meiner Meinung nach mit dem dynamischen Medium Film. Die Erzählung oder Interpretation einer Erzählung im Falle von Buchverfilmungen wird nicht nur visualisiert, sondern dynamisch, durch bewegte Bilder, in Szene gesetzt und sie wird durch die Vertonung unterstützt, was im Falle von Filmmusik eine immense Gestaltungskraft aufweisen kann, man denke nur an die überwältigende Filmmusik Howard Shores in der *Herr der Ringe*-Verfilmung. Der Film erzählt die ganze Geschichte in expliziter Form, wo Buch, Kunst und Musik Raum und Lücken lassen müssen. Vor dem Aufkommen der Computerspiele war der Film die ganzheitlichste Medienerfahrung.

Die Intensität der Darstellung im Film ist noch größer,[84] die Freiheitsgrade der Vorstellungskraft sind dafür noch geringer als bei anderen Visualisierungen. Obwohl letzteres ein subjektiver Eindruck ist, der nicht geteilt werden muss[85] (vgl. Weinreich 2004). Die Gefahr ist jedoch eine Gefahr oder ein Problem nur dort, wo eine Vorlage verfilmt wird. Ist der Film selbst die Originalerzählung, etwa bei *Fluch der Karibik*, *Willow* oder *Dragonheart* oder ist der Stoff sowieso schon unzähligen Interpretationen unterworfen worden wie die *Artussage*, so wird zwar immer noch die Phantasie der Rezipienten in starker Wei-

90

se gelenkt, aber es gibt keine Vorlage, die vorher oder unter Verzicht auf die Verfilmung andere Interpretationen oder Empfindungen hervorgerufen haben würde. Gibt es die Vorlage aber, so drängt sich die Macht der Bilder oftmals in den Vordergrund und droht die subjektive Phantasie zu unterdrücken. Dann wird das verträumte Bruchtal aus *Der Herr der Ringe* vielleicht für Millionen von Zuschauer immer so aussehen wie Peter Jackson es umgesetzt hat, Harry Potter wird für die meisten Menschen das Gesicht Daniel Radcliffes tragen und Conan wird immer aussehen wie Arnold Schwarzenegger. Was ja nicht schlimm sein muss – wenn es einen Menschen mit einer überzeugenden Physis und einem passenden Gesicht für Conan gibt, dann ist es dieser Österreicher. Nur sind das unlösbare Geschmacksfragen und es bleibt der Nachgeschmack eines die individuelle Rezeption dominierenden Einflusses von außen. Denn eines ist auch klar: Während es bei der Erzählung zwei Versionen gibt, die im inneren Dialog zueinander stehen, nämlich die der Autorin und die des Lesers, so schieben sich hier machtvoll Regisseur, Drehbuchautorin, Kameramann und Schauspielerinnen dazwischen. Der *Conan* von John Milus ist nicht der Howards und das Mittelerde Jacksons ist nicht das Tolkiens. Wie das einzuschätzen ist, hängt von der individuellen Rezeption ab und bleibt jedem und jeder selbst überlassen. Meiner persönlichen Meinung nach ist der gute Fantasyfilm jedoch eine Bereicherung, die ich im Fantasykosmos keinesfalls missen möchte.

Musik wird genutzt, um Stimmungen zu verstärken oder zu verändern, das macht sie auch zu einem angemessenen Interpretationsmedium für die Fantasy, einem Genre, das eng an das emotionale Empfinden angelehnt ist. Und natürlich kann Musik darstellend wirken und neben Stimmungen auch Themen und Inhalte vermitteln, auch ohne dass es dazu eines Fantasytextes in einem Lied bedürfte:

91

„Ever since the first secular music dramas were composed at the end of the 16th century, composers have explored the whole of pre-20th-century fantasy literature in operas, cantatas, oratorios, songs and ballets, as well as symphonic poems and other instrumental works" (Clute/ Grant 1997, 672).

Um dies nachzuvollziehen, muss man sich als modernes Beispiel nur einmal anhören, wie der schwedische Jazz-Organist Bo Hansson *Der Herr der Ringe* interpretiert. Stimmungen und Handlungselemente werden in Rhythmen und Melodien umgesetzt, die die Erzählung auf eine neue Art und Weise erfahrbar machen (natürlich muss man für das komplette Verständnis des Hansson-Albums *Lord of the Rings* die Buchvorlage kennen). Das Album ist unter Tolkien-Fans beliebt, sonst aber heute nicht mehr ganz so bekannt, wie es ihm zu wünschen wäre. Deshalb möchte ich als Beispiel für die Möglichkeiten der Musik, Inhalte und Fakten wortlos darzustellen, noch eine deutlich bekanntere Komposition aus der Klassik wählen, Bedřich Smetanas *Die Moldau* (*Vltava*) aus dem Zyklus *Mein Vaterland* (*Má vlast*, 1874). Es ist gar nicht nötig, zu wissen, dass dieses Stück von der Moldau handelt. Wenn man nur weiß, was ein Fluss ist, dann hört man ihn jetzt fließen, hört wie das Wasser perlt und wie es an den Ufern entlang streift, mit ein bisschen Phantasie sieht man die Wiesen und Bäume, die zu seinen Seiten stehen. Diese Erzählkraft liegt der Musik zweifelsohne inne und steht damit auch der Fantasy offen.

Andere berühmte Bespiele gelungener Programmmusik sind die symphonische Dichtung *Mazeppa* von Franz Liszt, in der rein instrumental die dramatische Geschichte des gleichnamigen Kosakenhetmans beschrieben wird, *Die vier Jahreszeiten* (1725) von Antonio Vivaldi und *Der Karneval der Tiere* (1886) von Camille Saint-Saëns. In Oper und Ballett sind fantastische Themen beliebt, man denke nur an *Die Zauberflöte* (1791) oder *Don Giovanni* (1787) von Mozart oder die *Ring*-Tetralogie

92

(1851-1874) von Richard Wagner und so berühmte Ballettmusiken wie *Der Nussknacker* (1892) von Pjotr Iljitsch Tschaikowski und *Der Feuervogel* (1910) von Igor Strawinsky. Letztere gibt es auch in verschiedenen Konzertfassungen (1911 bis 1945), was zeigt, wie beliebt solche Themen sind. Zu den berühmtesten Kompositionen mit fantastischen Themen zählen die *Bilder einer Ausstellung* (1874) von Modest Mussorgski, das *Prélude à l'après midi d'un faune* (*Vorspiel zum Nachmittag eines Faunes*, 1894) von Claude Debussy *The Planets/The Planets Suite* (*Die Planeten*, 1914/16) von Gustav Holst – und natürlich die *Symphonie Fantastique* (1830) von Hector Berlioz.

In der modernen Unterhaltungsmusik sind Musicals, die im weiteren Sinne fantastische Themen behandeln, erfolgreich, Beispiele sind *Cats*, *Der Tanz der Vampire*, *Die Schöne und das Biest* und *Der König der Löwen*. Sehr beliebt sind solche Themen auch in bestimmten Genres der Unterhaltungsmusik, besonders in der mittelalterlich angehauchten, der Folk- und der Gothic-Musik. In vielen Liedern werden Fantasy-Themen oder -Figuren besungen, etwa von Bands wie *Saltatio Mortis* und *Schandmaul*, aber auch Sally Oldfield hat schon Tolkiens *Drei Ringe* besungen. Fantastische Themen rein instrumental umzusetzen ist schwerer und wird seltener gewagt; die Grenzen zu New-Age- und esoterischer Musik sind da häufig fließend.

Mit den Spielen wird dann ein besonderes Gebiet der Fantasy betreten, das aber zu den am meisten verbreiteten Arten der Fantasy zählt und vielleicht der Lektüre schon zahlenmäßig den ersten Rang abgelaufen hat. Seit den 1960er Jahren als die Rollenspiele aufkamen und den 1990ern, als die Fantasy in Form des Computerspiels auftrat sowie spätestens mit den internetbasierten Onlinerollenspielen hat sich eine riesige[86] Gemeinschaft von Menschen entwickelt, die Fantasy nicht mehr nur rezipiert, sondern an ihr partizipiert, die am Fantasygeschehen aktiv teilnimmt und denkend wie auch agierend in imaginäre Welten schlüpft, dort als Heldin und Held auftritt und

93

Magie soweit ‚gebraucht' und erlebt, wie es uns realweltlichen Menschen eben möglich ist.

Rollenspiele[87], Spiele also, bei denen die Spielerinnen aus ihrem alltäglichen Selbst in die Rolle eines anderen (Menschen, Zwergen, Elfen, Drachen, Tieres usw.) schlüpfen, waren die ersten Fantasyspiele, die entwickelt wurden. Es gibt sie in zwei wesentlichen Ausprägungen als Pen and Paper-Spiele und als LARP. Beide Hauptvarianten teilen sich in viele Untergattungen auf. Die Pen and Paper-Spiele werden am Wohnzimmertisch oder anderswo gespielt und finden allein im Kopf der Mitspieler statt. Das heißt, dass ein Spielleiter eine Geschichte vorgibt, die er stückchenweise erzählt. Die Spielerinnen sind Akteure in der Geschichte und müssen gemäß der Situationen, vor die sie der Spielleiter stellt, handeln. Meist geschieht dies im Team, die Spielerinnen agieren als Abenteuertruppe. Entscheidungssituationen wie Kämpfe oder die Frage, ob es gelingt ein Schloss zu knacken oder einen Zauberspruch erfolgreich zu sprechen, werden durch ein gewichtetes Zufallsprinzip entschieden, indem man mit mehr oder weniger großen numerischen Vor- und Nachteilen würfelt. Die bekanntesten Pen and Paper-Spiele[88] im deutschsprachigen Raum dürften *Das Schwarze Auge* und die verschiedenen Spielarten der *Dungeons & Dragons*-Welten sein. Die hohe Kunst dieses Spieles besteht darin, sich das Geschehen vorzustellen und sich vollkommen darauf einzulassen, also als Spielerin nur so zu sprechen und seine Handlungen zu beschreiben, wie es auch in einer wahren Begebenheit passieren würde. LARP hingegen, was für Live Action Role Playing steht, bedeutet, dass die Spielerinnen ebenfalls eine von einem Leiter (meist ist dies ein Team) vorgegebene Geschichte möglichst real nachspielen. Die Spielerinnen spielen in Gewandung meist in passenden natürlichen Settings oder auf Burgen und sind angehalten, nicht nur gut zu beschreiben, wie bei Pen and Paper, sondern die Geschichte und ihre Umwelt für Stunden oder Tage authentisch nachzuleben.

94

Entscheidungssituationen werden aber wieder gewichtet per Zufall entschieden, echte Schwertkämpfe finden nicht statt.

Das Prinzip des Rollenspiels wurde in den Achtziger Jahren auf den Computer übertragen, nur reicht hier eben eine Spielerin aus und der Leiter ist der Rechner. Entscheidungssituationen werden nach Computeralgorithmen durchgefochten. Die ersten Spiele, die sich großer Beliebtheit unter meist jungen, weißen Männern gehobener formaler Bildung erfreuten, waren die von verschiedenen Autoren und Designern entwickelte Serie *The Bard's Tale* und die *Ultima*-Reihe von Richard Garriott, besser bekannt als *Lord British*. Der eigentliche Durchbruch bei einem breiten Publikum fand aber erst mit wachsender Rechenpower, besonders im Bereich der grafischen Darstellung, statt. Komische Reihen wie die *Quest for Glory*-Serie oder die *Monkey Island*-Trilogie fanden ebenso ein breites Publikum wie die von Science Fiction-Elementen mitbestimmte *Final Fantasy*-Serie, die besonders in Japan beliebt war und ist. Einen gleichartigen oder größeren Erfolg erlebten gewaltorientierte Actionspiele wie *Hexen* oder *Dark Messiah of Might and Magic*, die die Spielerin das (Metzel-)Geschehen aus Sicht der eigenen Person (First Person- oder Egoshooter-Perspektive) erleben lassen. Oder das Erlebnis findet durch den Blick über die Schulter statt, wie bei dem On- wie Offlineklassiker *Diablo*. In Form beider Sichtweisen, wie alternativ bei den meisten modernen Actionspielen wählbar, etwa dem Fantasyhighlight *Oblivion*, lassen sich diese action- und zumeist gewaltorientierten Spiele – es gibt durchaus Ausnahmen wie *Dark Project* – mittlerweile auch erleben. Auch Strategiespiele wie *Heroes of Might and Magic* und die Geschicklichkeit herausfordernde Arkadespiele wie *Prince of Persia* gehören zum Fundus der Fantasycomputerspiele, der mit dieser Aufzählung der Spielarten bei weitem noch nicht erschöpft ist.

Ende der 1990er Jahre, das Internet wird langsam zum allgemeinen Gebrauchsmedium, tritt dann mit den Onlinerollenspielen eine völlig neue Variante des alten Rollenspieles auf. *Ultima Online* ist das erste Massively Multiplayer Online Role-Playing Game (meist abgekürzt als MMORPG), ein Fantasy-computerrollenspiel, das den Nutzer nicht mehr allein gegen den Rechner antreten lässt, sondern die alte Rollenspieltraditi-on des Miteinanderspielens wieder ermöglicht: über das Inter-net schalten sich Spielerinnen in ein auf Netzservern bereitge-haltenes Spiel ein und spielen miteinander gegen den ‚Spiellei-ter Server‘ oder gegen andere Spieler(-gruppen). Der besondere Reiz besteht darin, es nun wieder mit den unkalkulierbar agie-renden Menschen in der eigenen Truppe oder als Gegner zu tun zu haben. In Bezug auf das Spielgefühl bedeutet diese Form des Computerspiels einen großen Schritt vorwärts in Richtung auf soziales Erleben – selbst wenn dies auf den merk-würdigsten Welten stattfinden sollte – denn man hat es wieder mit Menschen zu tun. Die derzeit bedeutendsten Spiele wie *World of Warcraft* oder *Everquest* beschäftigen Millionen von Spielerinnen aller Kulturkreise, oftmals rund um die Uhr. Ne-ben den rein internetbasierten MMORPGs weisen zudem die meisten aktuell erscheinenden Computerspiele eine Netzanbin-dung mit eingebautem Onlinespielteil auf, der Trend aller Computerspiele geht eindeutig in Richtung Vernetzung und weg von vereinzelt gegen den Rechner spielenden Personen.

Allen Erscheinungsformen der Fantasyspiele – mit oder ohne Computer, on- wie offline – ist aber folgendes gemein-sam: die Fantasy und die Interaktivität. Das heißt einerseits, dass auch die Spiele der Genredefinition und vor allem den Funktionen von Fantasy bis hin zur Anknüpfung an das mythi-sche Denken und die Funktionen des Mythos unterliegen. Und es heißt andererseits, dass die Spiele Ausdruck sozialen Han-delns sind, was ein wichtiger Punkt in Bezug auf ihre soziale und psychologische Bedeutung ist. Letzteres bedarf einer Er-klärung aus dem Bereich der Kommunikationswissenschaften.

Der Mensch als ein mit Vernunft begabtes Wesen ist der

autonomen, also der selbstbestimmten Handlung fähig und aus ethischer Sicht spätestens seit Kant auch dazu aufgerufen, autonom zu handeln. Gerade im Bereich des Medienkonsums – und die Rezeption von Fantasy in egal welcher Form, auch in der Spielform[89], ist Medienkonsum – besteht aber aus kommunikationsethischer Sicht die berechtigte Sorge, dass der Mensch den Einflüssen der Medien unterliegt und sich mehr durch das Angebot leiten – und dann auch manipulieren lässt –, als dass er oder sie selbst die Mediennutzung bestimmt. In den Kommunikationswissenschaften wird die Theorie der Fremdbestimmung durch Medienkonsum unter der Begrifflichkeit der verschiedenen Stimulus-Response-Modelle diskutiert: die Medien senden einen Stimulus aus und der Rezipient reagiert mehr oder weniger willenlos darauf. Dem steht der uses & gratifications approach oder Nutzenansatz gegenüber, der auf dem Konzept des Symbolischen Interaktionismus von George Herbert Mead beruht und besagt, dass die Konsumentinnen von Medien bewusst aus dem Medienangebot auswählen und zwar nach selbstgewählten Kriterien des persönliche Nutzens, was, wenn es stimmte, eine autonome Handlung bedeuten würde.[90]

Welcher Faktor bei der Mediennutzung überwiegt, ob also die Medien etwas mit den Rezipienten anstellen oder ob die Rezipientinnen die Medien zu ihrem Nutz und Frommen gebrauchen oder ob nicht doch etwas in der Mitte dieser Extreme zutrifft, ist auch nach Jahrzehnten der Medienwirkungsforschung umstritten. Der Fokus der Wirkungsforschung lag bis vor kurzem jedoch auf den herkömmlichen Massenmedien Zeitung, Radio, Fernsehen, die allesamt als Sender zu Empfängern in Erscheinung treten.

Im Massenmedium Internet ist das in vielen Fällen[91] anders und im Medium Computerspiel wie im Medium Onlinerollenspiel ist das ebenfalls anders. Hier werden die Nutzerinnen aktiv, hier müssen die Spieler Handlungen durch bewusste Entscheidungen gemäß des Konzeptes des Symbolischen Interaktionismus bewirken – kontinuierliche Mausklicks und Tastatureingaben haben eine andere Qualität als der zappende Daumen auf der Fernbedienung des TV-Apparates. Der symbolische Interaktionismus geht nun davon aus, dass die Interaktion von Umwelt und Mensch – und die Medien sind Umwelt – „nicht nur in einer natürlichen, sondern auch – und das vor allem – in einer symbolischen [Weise]" geschieht (Burkart 1995, 47). Die Kommunikation im und durch das Spiel ist eine solche symbolische Interaktion, denn das Spiel ist in Form seiner Inhalte Symbol für bedeutungsvolle Gehalte des Lebens der Spielerinnen und stellt somit eine soziale Handlung dar. Dabei handelt es sich um eine selbst bestimmte Handlung, die gemäß der Annahmen des uses & gratifications approaches, zielgeleitet erfolgt. Auch wenn sie unbewusst initiiert worden sein kann, so ist sie doch Ausdruck eines Bedürfnisses, das von einem bestimmten Nutzen befriedigt wird. Insofern unterscheidet sich die Aktivität beim Spiel von der Rezeption anderer Erzeugnisse der Fantasy genauso, wie sich bestimmte Nutzungsweisen des Internets vom Konsum von Radio und Fernsehen unterscheiden. Und ich glaube, dass die Onlinerollenspiele die Spielenden näher an die Fantasy und an das sie definierende Übernatürliche heranführen. Nicht in dem Sinne, dass das Ganze glaubhafter würde, aber im Sinne einer stärkeren Affinität, im Sinne einer wirksameren gefühlsmäßigen Bindung, die die unbekannten Gefilde Lord Dunsanys in ihrer Bedeutung näher zu bringen vermag.

Eine gewisse Gefahr liegt allerdings meiner Ansicht nach darin, dass die größere affektive Bindung durch das Spiel, die auf der Teilhabe an einer neuen, exotischen und vielleicht als ‚besser' empfundenen Wirklichkeit beruht, bei den Spielern Suchtcharakter[92] entwickeln kann. Und das stellt ein großes Problem dar, denn eine Nutzung von *World of Warcraft* oder *Everquest*, die etwa die aktive Lebenszeit in der realen Welt überschreitet, führt neben psychologischen Problemen des

98

Auseinanderhaltens von Phantasie und Wirklichkeit auch zu einer rein materiellen Problematik, wenn Schule, Ausbildung, Beruf und soziales Leben nicht mehr angemessen verfolgt werden.

In Bezug auf Spiel und Fantasy ist meines Erachtens wichtig, ist, dass die Aneignung der imaginären Welten vielleicht auf keine Weise so intensiv geschieht wie im Spiel. Das ist mit (Kontrollverlust-)Gefahren verbunden, aber es bedeutet, wie so oft im Leben, auch Chancen. Zuallererst bedeutet es die Chance – in diesem besonderen Falle der Erlebnisform Fantasy, die Realität und Übernatürliches so einzigartig zu verbinden vermag – dem Genre nicht nur als Rezipient gegenüber zu treten, sondern als Akteurin, die wirkungsvoll teilhat, die einen aktiven Part übernimmt und mitbestimmt, wohin die Reise der Phantasie geht. Wer aber seine Träume bestimmt, bestimmt auch sein oder ihr waches Leben effektiver, selbstbewusster und – mit großer Wahrscheinlichkeit – auch glücklicher.

Wie auch immer Fantasy auftreten mag, ob als Buch, als Film, Spiel, Musik oder Kunstwerk, sie bewegt sich innerhalb der Grenzen von Verzauberung und Übernatürlichem und führt uns dies meist in Abenteuerform und in imaginären, magischen Welten vor. Als solche ist sie zuerst glänzende Unterhaltung, aber sie kann darüber hinausreichen und die Rezipierenden tiefer und weiter führen als vielleicht zunächst geahnt: „It is by such statements as [...] ‚In a hole in the ground there lived a hobbit' [...] that we fantastic human beings may arrive, in our peculiar fashion, at the truth" (Le Guin 1979, 45). Einige Beispiele dafür liefert nun der letzte Abschnitt dieses Buches.

5. Fantasy – 3 Beispiele

Thence she comes sometimes, high in the night on her broom,
unseen by any down on the earthly fields,
unless you chance to notice star after star blink out
for an instant as she passes by them,
and sits beside cottage doors and tells queer tales,
to such as care to have news of the wonders of Elfland.
May I hear her again!

In diesem letzten Abschnitt gehe ich auf die Werke von zwei Autoren und einer Autorin ein, die ich bezüglich ihrer Inhalte und / oder der damit vertretenen Ansichten über die Fantasy für paradigmatisch halte. Für vorbildhaft halte ich sie besonders hinsichtlich der Funktionen und Bedeutung von Fantasy, die im Folgenden an den Werken illustriert werden. Es handelt sich dabei um J.R.R. Tolkiens Mittelerde, Ursula K. Le Guins *Erdsee*-Zyklus und Dennis L. McKiernans *Mithgar*-Zyklus. Warum keine anderen Autorinnen und Autoren? Nun, das ist zunächst eine Frage des zur Verfügung stehenden Raumes und Ihrer Geduld als Leserin und Leser. Beschränkungen sind da nötig. Und diese drei reichen für das, was ich zeigen möchte, aus.

Dass Tolkien dazu gehört, steht sowieso außer Frage. Wenn man über Fantasy redet, kann man zur Not auf jeden anderen Autoren verzichten, aber nicht auf Tolkien, den einflussreichsten und wichtigsten Autoren des Genres, der die Gattung „fast allein" erschuf (Shippey 2003, 377). Diese Rolle hat er aber nicht wegen seines Publikumserfolges inne, sondern wegen der Inhalte seiner Bücher. Le Guin hat mit dem *Erdsee*-Zyklus nicht nur lange vor Rowlings *Harry Potter* einen Bildungsroman als Fantasy geschrieben, sondern auch wie keine andere gezeigt, wie weit man mit den mythischen Mitteln der imaginären Welt und der Magie die Psyche des Menschen ausleuchten kann. McKiernan schließlich, dessen Werk in Deutschland völlig zu Unrecht sehr zögerlich übersetzt und ganz unpassend präsentiert und beworben wird, hat mit dem *Mithgar*-Zyklus Philosophie praktisch fassbar gemacht; nicht nur die Ethik, wie es auch bei Tolkien oder Tad Williams der Fall ist, sondern auch Ontologie, Erkenntnistheorie und andere Aspekte finden sich dort.

Das Meisterwerk als Evergreen: J.R.R. Tolkiens *Der Herr der Ringe*

„In a hole in the ground there lived a hobbit" – dieser erste Satz aus *Der Hobbit* steht vielleicht mehr als jede andere Äußerung für den Eintritt der Fantasy in das Bewusstsein der Welt, denn mit diesem Satz wurde der Öffentlichkeit erstmals Mittelerde, die berühmteste aller imaginären Welten, vorgestellt. Ihr Schöpfer, der Brite John Ronald Reuel Tolkien (1892 – 1973), ist unbestritten der einflussreichste Autor der Fantasygeschichte, an dem seit dem Erscheinen von *Der Herr der Ringe* 1954/55 jedes andere Werk gemessen wird. Seine unerreichte Stärke liegt in seiner Erfindungskraft, die Hauptwirkung der Werke bei den Leserinnen und Leser besteht in der Identifikation mit der erschaffenen Welt. Tolkien gelang es, mit Mittelerde eine vollkommen glaubhaft und stimmig konstruierte Welt in der Literaturgeschichte zu platzieren, in der er dann als Hauptwerk, *Der Herr der Ringe*, eine epische Handlung einbaute, die Millionen von Leserinnen und Lesern fesselte und die zu den beliebtesten und meistverkauften Büchern aller Zeiten gehört. Die Qualität seiner Weltenschöpfung ist sowohl dem literarischen Genie als auch dem besonderen linguistischen Talent des Philologen Tolkien zu verdanken, der fast vierzig Jahre lang Pro-

102

fessuren für Sprache innehatte. Die erfundenen Sprachen, die nur ein Sprachwissenschaftler so überzeugend entwickeln konnte, sind die Keimzelle Mittelerdes geworden und der Ansatzpunkt seiner Historie, von der *Der Herr der Ringe* nur eine geringe Fraktion darstellt, die aber in ihrer Ausgeklügeltheit die Welt erst so real wirken lässt, wie sie eben erscheint. Der Realismus der Welt ist die Grundlage für die sich so schnell eröffnende Identifikationsmöglichkeit der Leserin mit der imaginären Welt.

Die Interpretationen von Tolkiens Werk und die Sekundärliteratur füllen mittlerweile ganze Bibliotheken, weshalb ich als Einstieg nur zwei deutschsprachige Werke empfehlen möchte, Tom Shippeys *J.R.R. Tolkien. Autor des Jahrhunderts* und die Biographie Tolkiens von Humphrey Carpenter.[93]

Mittelerde ist eine Welt, deren beschriebene Geschichte Jahrtausende umfasst und die mit einer Unzahl epischer Abenteuer gefüllt ist. Nahezu all diese Geschichten sind jedoch nicht zu Lebzeiten Tolkiens erschienen. Er hat bis kurz vor seinem Tod an den Geschichten und der Geschichte von Mittelerde gearbeitet, die als unabgeschlossenes work in progress betrachtet werden muss. Was genau er also der Öffentlichkeit von Mittelerde erzählen wollte, ist nur den Romanen *Der Hobbit* und *Der Herr der Ringe*, dem Hauptwerk Tolkiens, zu entnehmen.

Die Ringtrilogie[94] ist die Geschichte einer Queste, in der es darum geht, die Welt vom ultimativen Bösen zu befreien, dessen Essenz und ganze Macht in einen Ring gebunden sind, der vernichtet werden muss. Eigentlich ist es also eine Anti-Queste, denn es geht darum, etwas loszuwerden, nicht etwas zu finden, wie in der klassischen Queststory, etwa der von der Suche nach dem heiligen Gral. Die Geschichte konzentriert sich dabei weniger auf die genaue Charakterzeichnung der Vielzahl ihrer Protagonisten, es ist die Handlung, die im Mittelpunkt steht. Und das hat mit dem besonderen Verständnis zu tun, das Tolkien von Fantasy und ihren Funktionen entwickelt hat. Er ist für das Genre nämlich nicht nur als „Großvater der Fantasy" wichtig, wie Raymond Feist ihn einmal nannte (2004), sondern auch als einer ihrer wichtigsten Theoretiker, der die Überlegungen über Fantasy besonders in Form des Aufsatzes *On Fairy Stories* aus dem Jahr 1937 entscheidend beeinflusst hat.

Fantasy funktioniert auch für Tolkien zunächst als Unterhaltung, doch sie ist Unterhaltung, die mit bestimmten zusätzlichen Aspekten verknüpft ist. Die Funktionen einer Fantasygeschichte bestehen *immer* auch darin, erstens die Phantasie zu wecken und den Rezipierenden zweitens Wiederherstellung, drittens Fluchtmöglichkeiten und viertens Trost zu gewähren.

Die Phantasie ist gewissermaßen die Eintrittskarte in die Welten der Märchen. Der entscheidende Punkt dabei ist, dass Phantasie nicht alleine vom Geschichtenerzähler verlangt wird, sondern eine notwendige Voraussetzung auch auf Seiten der Hörerinnen und Leser darstellt. Der Handlungsfaden ist nur eine Art Richtschnur, an welcher der Erzähler sein Publikum entlang führt. Die geschilderten Welten und Erlebnisse spielen sich im Kopf jeder einzelnen Leserin, jedes einzelnen Zuschauers oder Hörers individuell ab. Jede Leserin und jeder Leser sieht in der eigenen Phantasie andere Gesichter und andere Landschaften, wenn er oder sie die Beschreibungen liest[95] (vgl. Tolkien 1992a, 44 - 52).

Die Wiederherstellung („recovery"), die fairy stories dem Menschen gewähren, versteht Tolkien als ein „Wiedererlangen eines klaren Blicks" und die Einnahme einer neuen Perspektive (53). Neben dem Blick auf die neue Welt erlaubt die Wiederherstellung aber auch einen neuen Blick auf Altbekanntes und ermöglicht es so, das Staunen wieder zu lernen, das wir in der Routine unseres Lebens oft vergessen. Was dabei wieder hergestellt wird, ist das Staunen des Kindes über die neue Welt, also eine Art der Rückführung in einen Zustand unbeschwerten Entdeckens, den man als Erwachsener normalerweise nicht

104

einfach so erreicht.

Beim Begriff der Flucht („escape") unterscheidet Tolkien zwischen zwei verschiedenen Fluchten, die er als die Flucht des Deserteurs auf der einen Seite und die Flucht des Gefangenen auf der anderen Seite charakterisiert (56). Der Deserteur ist einfach nur ein Feigling, der weglaufen will - dem Gefangenen aber kann man den Willen zur Flucht nicht übel nehmen: "Why should a man be scorned, if, finding himself in prison, he tries to get out?", heißt es in *On Fairy Stories* (55). Die Flucht des Gefangenen ist mehr ein Widerstand als ein Weglaufen. In eben diesem Sinne versteht der Autor Tolkien auch die Fluchtmöglichkeit, die das Genre Fantasy bietet: Er sieht sie als eine Möglichkeit der Erfüllung von Sehnsüchten und Befriedigungen, die die reale Welt nicht bieten kann. Für ihn ist eine der immens wichtigen Funktionen von Fantasy, die Rückkehr zu dem im Mythos und im mythischen Denken verankerten Zustand der Verzauberung, „when we are enchanted" (14).

Trost („consolation") wird dem Leser durch den glücklichen Ausgang gespendet, den Tolkien als notwendig ansieht: Jede fairy story muss ein glückliches Ende haben (*On Fairy Stories*, 62).[96] Der garantierte glückliche Ausgang tröstet durch seine Gnade ("a sudden and miraculous grace"; 62). Keiner der Protagonisten konnte damit rechnen, dass sich alles doch noch zum Guten wenden würde. Der gute Ausgang ist eine Gnade der Erlösung aus den Gefahren und drohenden Katastrophen, die die Geschichte erzählte. Um diesen Punkt hervorzuheben, den er als die wichtigste Funktion (62) von fairy stories ansieht, prägte Tolkien den Begriff von der guten Katastrophe, der Eukatastrophe („eucatastrophy"), die am Ende jeder fairy story steht.

Der Schlüssel für die Erfüllung der solcherart skizzierten Funktionen von Fantasy ist die Möglichkeit, dass die Leserinnen und Leser in die Geschichten ‚eintauchen' und sie miterleben können müssen, dass sie sich gänzlich auf die zweite Welt einlassen können müssen, die der Autor bereitstellt. Das geht nur, wenn man sich als Rezipientin mit Welt, Personen und Geschichte identifizieren kann. Ein meiner Meinung nach entscheidendes Element für die Er- und Mitlebefähigkeit von Fantasy ist gerade von Tolkien eingebracht worden und führte damit zu einer Rezeptionsweise, die andernfalls nicht möglich wäre: bei Tolkien sind es Menschen, die die Geschichten erleben, ganz egal ob sie nun Hobbit, Zwerg, Ent, Elb oder Mensch heißen. Und auch die Welt Mittelerde ist unsere Welt[97], nur in einen besonderen Zustand gebracht, der das Übernatürliche wieder eingefangen und die Welt auf diese Weise ganz gemacht und geheilt hat:

> „Faërie [was in diesem Fall synonym zu Mittelerde zu lesen ist] contains many things besides elves and fays, and besides dwarfs, witches, trolls, giants, or dragons: it holds the seas, the sun, the moon, the sky; and the earth, and all things that are in it; tree and bird, water and stone, wine and bread, and ourselves, mortal men, when we are enchanted" (*On Fairy Stories*, 14).

Die Protagonisten handeln edel oder plump, clever oder dumm, sind tapfer oder feige, großspurig oder unauffällig, alles auf einem höheren Niveau als im wahren Leben an Werkbank, Schreibtisch oder Küchentisch, aber es sind im eigentlichen Sinne Verkörperungen des menschlichen Wesens und damit sind sie identifikationsfähig. Und die verzauberte Welt, sie ist unsere Welt wie sie sich dem Menschen darbietet, wenn er sich auf sein metaphysisches Bedürfnis einlässt und den Logos für einen Augenblick fahren lässt.

Dieses Verständnis von Fantasy und ihrer Funktionen kommt in *Der Herr der Ringe* dann konsequent zur Anwendung. Darin gründet die Konzentration auf den Ablauf der Handlung und die Beschreibung der Welt vor der Darstellung innerprotagonistischer Regungen und Entwicklungen. Tolkien konzentriert sich auf die Handlung, um die Geschehnisse und die Lehren, die man aus den Geschehnissen ziehen kann, in den Mittelpunkt zu rücken, ganz wie es auch einst das Anliegen des Mythos war. Tolkien wollte einen eigenen Mythos schaffen. Er wollte unterhalten, ja, aber er wollte im gleichen Zuge auch für ihn ewig gültige Wahrheiten über Gut, Böse und die spirituelle Verfassung der Welt zum Ausdruck bringen. Versucht man aber so etwas, dann ist der Mythos das Mittel der Wahl, zumindest wenn man an die Wahrheit der Mythen glaubt,[98] so wie Tolkien das tat. Nun stellt diese spezifische Sichtweise eine individuelle Bedeutungszuweisung durch diesen einen Mann dar. Die werden viele so kaum teilen können. Unbenommen davon bleiben jedoch die Funktionen Fantasy, Recovery, Escape und Consolation bestehen. Und das wiederum heißt, dass *Der Herr der Ringe* wirksam bleibt.

Über Mittelerde, über Tolkien und *Der Herr der Ringe* ließe sich noch vieles sagen. Die Bedeutung des christlichen Glaubens, das spezifische, weltanschaulich neutral interpretierbare und damit hoch moderne Verständnis von Ethik, das Thema des ‚common man' im Angesicht von Macht, das Verhältnis von Fiktion und Realität in politischer, sozialer und historischer Hinsicht, die literaturtheoretische Bedeutung der Mittelerdedichtung – all das sind Aspekte, die noch gar nicht angeschnitten wurden. Friedhelm Schneidewind pflegt zu sagen, dass es praktisch keine Fragestellung gäbe, zu der man nicht etwas Bedeutungsvolles bei Tolkien fände. Da ist was dran! Doch es geht an dieser Stelle um die Bedeutung und die Funktionen von Fantasy und diese sehen eben wie dargelegt aus: Unterhaltung und Therapie in der Nachfolge des Mythos.

107

Vom Mythos und dem Leben: Ursula Le Guins Erdsee

Wenn das Leben selbst Geschichten schriebe, dann würde es wohl über das Leben und das Wesen des Menschen prototypisch eine Geschichte wie die von Ged und Tenar schreiben, es würde eine Erzählung wie den Erdsee-Zyklus der US-Amerikanerin Ursula Kroeber Le Guin (*1929) schreiben. Ursula Le Guin ist studierte Historikerin, das mag ein Grund dafür sein, dass Ihre Werke – sie ist als Science Fiction-Autorin ebenso bekannt wie für ihre Fantasy und gewann jeden wichtigen Literaturpreis beider Genres, die meisten mehrmals – so authentisch wirken und dass die sozialen Interaktionen immer den Kern ihrer Geschichten ausmachen. Weder ist es in der Science Fiction die Technik, noch in der Fantasy das Übernatürliche als Handlungselement, die für die Geschichten von erster Bedeutung sind. In beiden Genres, spielt Action in den Erzählungen Le Guins zudem eine völlig untergeordnete Rolle. Das führt zu Handlungsverläufen, die die plumpe Kritik der Fantasy als hack ´n slash überraschen dürfte:

> „When wizards in the novels were smart, they did as little as possible and hung out in the woods. Action and power didn't avail much. Note: this was also one of the best things about the trilogy. Few writers of epic fantasy would have dared to have a work end with the hero neither losing nor winning' or, as in *The Farthest Shore*, with the same hero, Ged, completely losing his power." (Minkowitz 2001)

Le Guin konzentriert sich gänzlich auf soziale und innerindividuelle Konflikte und vermag es, auch aus diesen Ingredienzen große Spannung sowie eine tiefe Bindung der Leserin an die Geschichte zu erzeugen. Stehen bei Tolkien die Wirkungen von Fantasy und die imaginäre Welt mit dem spirituellen Kosmos, in den sie eingebettet ist, als Zeugnisse für die menschliche Kreativität und den Zauber des Seins im Vordergrund, so ist es im Werk Le Guins der Mensch in seiner Ganzheit, also plus seines Hintergrundes als mythenbeeinflusstes Wesen, um den sich alles dreht. Anders als viele andere Autorinnen und Autoren des Genres verzichtet sie vielleicht auch deshalb darauf, nichtmenschliche Protagonisten wie Zwerge, Trolle oder Elfen in Erdsee zu beheimaten (einzige Ausnahme: Drachen). Differenziert wird der Fokus auf den Menschen im Weiteren dann noch hinsichtlich seines Geschlechts und der damit verbundenen Unterschiede in Empfinden und Sozialisation. Geschlechterfragen gehören zu den wichtigsten Themen im Werk Le Guins.

Die Geschichten, die auf Le Guins nicht nur kohärent, sondern auch liebevoll erdachter Welt Erdsee spielen, stellen Bildungsroman, Parabel und ein Erzählung gewordenes Beispiel mythischen Denkens in einem dar. In Form des Zyklusses, der das Leben des Magiers Ged und der (Ex-)Priesterin Tenar erzählt und deren Erwachsenwerden und dann das Erwachsensein und das Altern jeweils in den eigentlichen Mittelpunkt der Bände stellt, ist der Erdseezyklus ein großer „Bildungsroman" (Mathews 2002, 140), der innerhalb seines Themas Reifwerdung und Lebensführung auch die Geschlechterfrage behandelt. Dieser Prozess des Wachsens wird in der Literatur oftmals durch die Suche in Szene gesetzt, durch die Queste.

Fantasy kann für junge Menschen[99] in besonderem Maße gerade wegen dieser so häufig thematisierten Queste[100], attraktiv werden, die auf gewisse Weise den ins Unbekannte führenden Weg zum Erwachsenwerden spiegelt (vgl. Le Blanc 2003, 7). Diese (gefahrvolle) Suche, hinein in unbekannte Gebiete, Phänomene und Zusammenhänge, ist das beherrschende Handlungstopos in den ersten drei Erdsee-Romanen und bildet den für den Bildungsroman typischen Weg zur Reifung der Heldin, des Helden ab.

A Wizard of Earthsea erzählt die Geschichte des Jungen

Ged, der vom Ziegenhirten zum Zauberer wird. Im Laufe dieses Prozesses reißt er aus Eitelkeit und in Unkenntnis vom vernünftigen Umgang mit Macht ein Loch in die Sphären des Übernatürlichen und entlässt dadurch einen Schatten in die Welt, der ihn zu vernichten droht. Er muss den Schatten stellen, ihn als Personifikation seiner eigenen dunklen Seite erkennen und sich mit ihm vereinigen, um die Gefahr von sich abzuwenden und dabei geheilt zu werden. Die Story spiegelt zum einen das Werden der Persönlichkeit in Pubertät und Jugend sowie die damit verbundenen Identitätsprobleme eindrucksvoll wider. Zum anderen, aber damit eng verbunden, wird durch die große Macht, die Ged erlangt, die Verantwortung thematisiert, von der Menschen lernen müssen, sie für sich und ihre Umgebung zu übernehmen.

The Tombs of Atuan berichtet von der Hohepriesterin Tenar, die trotz ihres eindrucksvollen Titels als Gefangene der Umstände ihrer Rolle gezeichnet wird. Sie kommt als Kleinkind in einen Tempel und wird mit striktem Erziehungsregime auf ihre Priesterinnenrolle vorbereitet. Charakteristischerweise raubt man ihr den Namen und bezeichnet sie nur noch als diejenige, die von ihrem Gott gegessen wurde („The Eaten One"), die also völlig vereinnahmt wurde. Erst der Kontakt zu Ged, der in das Tempellabyrinth eindringt und von ihr gefangen gesetzt wird, bringt sie zu der Erkenntnis, dass sie eine Persönlichkeit und ein Mensch ist. Sie erkennt dies, indem sie lernt, sich und das Leben zu lieben. Eine Erfahrung, die in gewisser Weise auch Ged in diesem Buch macht, das somit im Wesentlichen die Liebe thematisiert. Wie in einem Yin und Yang-Symbol werden auf dieser Reise zur Reife die männliche und die weibliche Seite kontrastiert und der durch externe Zwänge ganz unterschiedliche Weg von Mann und Frau zum gleichen Ziel, ein freier, starker Mensch zu werden, beschrieben. Was jedoch für Ged wie Tenar gleichermaßen gilt und damit als allgemeingültig ausgewiesen wird, ist die Erkenntnis der Liebe zu sich selbst und zur Welt als Schlüssel zu einem gelingenden Leben.

Der Tod ist das Hauptthema von *The Farthest Shore*. Jahrzehnte nach den Ereignissen in den ersten beiden Bänden, Ged ist zum mächtigsten Magier Erdsees aufgestiegen, versiegt plötzlich die Magie. Ged muss bis in das Reich des Todes vorstoßen, um das Leck zu schließen, aus dem die Magie entkommt und verliert bei diesem Kraftakt all seine magischen Kräfte. Der eigentliche Punkt des Buches sind die zwei Konzepte von Tod, die in *The Farthest Shore* thematisiert werden. Zum einen droht die Welt einen Tod durch Auslöschung zu erleiden, als die Magie langsam zu versiegen beginnt. Die Welt verliert dadurch ihren Zauber und die Menschen im übertragenen Sinn ihre Seelen. Das Bild erinnert an das Nichts, das sich in Michael Endes Phantasien in *Die unendliche Geschichte* ausbreitet und das nur durch den Glauben an die Magie und ihren Zauber aufgehalten werden kann. Auch Le Guin zeigt in *The Farthest Shore*, dass die Welt einen spirituellen Hintergrund hat und nur existieren kann, solange der intakt ist. Es ist wie bei Tolkien das Thema der Verzauberung, das hier beschrieben wird und deren Fehlen mit dem Tod gleichgesetzt wird. Mit einem schlechten Tod! Denn es gibt noch eine zweite Art von Tod, den notwendigen und natürlichen Tod, der zusammen mit dem Leben das Rad flicht, aus dem das Sein besteht und als solcher begrüßenswert ist und keinesfalls gefürchtet werden muss.

Der vierte Erdsee-Roman *Tehanu* entsteht 18 Jahre nach den ersten drei Bänden[101] und fällt auch thematisch aus dem Rahmen.[102] Er berichtet davon, dass Tenar und später auch Ged sich um ein schwerst misshandeltes Mädchen kümmern, um Tehanu. Die Handlung spielt sich fast völlig in kleinen Dörfern und eingerahmt von alltäglichen Verrichtungen ab, Spannung und Action kommen kaum noch vor. Aber ständig hängen Bedrohungen und Sorgen über den Protagonisten, und die erste Reaktion von Tenar und Ged ist jeweils Furcht. Eine

Furcht, die ihr Handeln bestimmt und die sowohl sie als auch die Handlung lähmt – ein hochinteressanter erzählerischer Trick. Erst die Überwindung der Furcht führt zur Auflösung der Bedrohungen und zur Auflösung des Rätsels um Tehanu. Insofern wird im vierten Band ein sehr realweltliches Negativum in den Mittelpunkt gestellt. Das war in den ersten drei Bänden mit ihrer Konzentration auf die positiven Aspekte ihrer zentralen Themen anders. Zudem verzichtet Le Guin in *Tehanu* auf viel von der Erdsee eigentlich auszeichnenden Spiritualität und damit auf die Kraft des Mythos, die sie sonst so eindrucksvoll in den Vordergrund stellt.

In Form eines Geschichtenbogens, welcher das Aufwachsen, die Macht, Liebe und Tod als thematische Schwerpunkte aufweist, ist der Zyklus in seinen ersten drei Büchern eine große Parabel auf das reale Leben. Ein Erdsee durchziehendes Thema ist die im Vergleich scheinbar aus dem Rahmen fallende Magie und die hinter der physischen Welt liegende übernatürliche Realität. Hier stellt der Erdsee-Zyklus ein bestechendes Beispiel für die Darstellung eines Mythos in der Moderne dar. Bezieht man die Überlegungen zum Mythos aus Kapitel 3 ein, dann fällt die Magie aber nicht mehr aus dem Rahmen der Thematisierung des Lebens, sondern stellt mythisches Denken in den nötigen Vordergrund dieser Betrachtungen über die Spezies Mensch. Symbolisiert wird der Mythos durch die Art der Magie in Erdsee. Diese Magie ist eine Magie des Wortes, Zauber werden gewirkt, indem man den wahren Namen eines Dinges spricht und es dadurch seinem Willen unterwerfen kann: „All things have a name" und „magic consists in this, the true naming of a thing" (*Wizard of Earthsea*, 119 u. 50).[103] Es sind platonische Untertöne, die da eingesponnen werden, und die an die Ideenlehre des griechischen Philosophen erinnern. Es ist zwar nicht das Ding an sich, das Le Guin konzipiert, aber der wahre Name der Dinge umfasst ihr Sein doch so vollständig, dass, wer ihn kennt, völlige Gewalt über die Namens-

112

träger, seien es Dinge, Tiere oder Menschen, erlangt. Der Anklang an die Ideenlehre verdeutlicht die unzertrennliche Bindung der physischen Welt an ihren metaphysischen Überbau und betont das ganzheitliche Denken in Le Guins Fantasy (das sich übrigens ebenso in ihrer Science Fiction zeigt). Wird die Bindung zerstört, wie in *The Farthest Shore*, so endet das mit dem Untergang der materiellen wie spirituellen Realität.

Hinter dem Konzept, der auf der Kenntnis von Namen beruhenden Magie, steht aber auch der alte mythische Glaube an die Wortmagie. Diese bezeichnet den Glauben, dass alle Dinge ein wahres Wesen haben, an denen sie erkannt und mittels dessen sie beeinflusst werden können. Diese Weltanschauung lässt sich in der Geschichte aller Kulturen an ihren Anfängen nachweisen. Im jüdisch-christlichen Kulturkreis etwa in der in der *Bibel* gegebenen Beschreibung des Schöpfungsprozesses durch die dreizehn Mal ausgesprochene Formel „Und Gott sprach" bzw. „Und Gott nannte" (Genesis I). In Erdsee wird dies identisch aufgenommen, die Existenz der Welt beginnt mit einem von Gott ausgesprochenen Schöpfungswort. Im Konzept der Wortmagie verbinden sich Mythos und moderne Fantasy in vollkommener Weise. Le Guin geht es weniger als Tolkien darum, einen Mythos zu schaffen, bzw. ihr literarisches Werk in Analogie zur Mythenerschaffung zu Papier zu bringen. Aber sie zeigt mit den Erdsee-Geschichten zumindest wie stark Mythos und Fantasy verbunden sind. An der großen affektiven Wirkung der Erdsee-Dichtung auf das Publikum, die sich beispielsweise heute im Internet anhand der Darstellung Erdsees auf Fanseiten aufzeigen ließe, lässt sich dann wiederum ablesen, dass diese Verbindung immer noch wirksam ist.

Le Guin geht es in ihren Werken nach meinem Dafürhalten vor allem um die Illustration der conditio humana. Fantasy und Science Fiction benutzt sie als bestes verfügbares Vehikel wegen der in ihnen angelegten großen Freiheiten, diejenigen phantastischen Szenen zu entwerfen, auf die es ihr zu diesen Il-

113

lustrationszwecken ankommt. Sie wendet sich damit und mit den wiederkehrenden Questthemen und ihrer Variationen des Bildungsromans bewusst vordringlich an junge Menschen. Doch keinesfalls ausschließlich und besonders interessant sind in dieser Hinsicht ihre Einlassungen zur Wirkung phantastischer Literatur auf den erwachsenen Menschen:

> „I believe that maturity is not outgrowing, but a growing up: that an adult is not a dead child, but a child who survived. I believe that all the best faculties of a mature human being exist in the child, and that if these faculties are encouraged in youth they will act well and wisely in the adult, but if they are repressed and denied in the child they will stunt and cripple the adult personality. And finally I believe that one of the most deeply human, and humane, of these faculties is the power of imagination." (Le Guin 1979, 44).

Mit dieser Beobachtung trifft sie sich genau mit den Überzeugungen eines anderen großen Science Fiction- und Fantasyautoren, mit C.S. Lewis, dem Schöpfer von *Narnia* und *Perelandra*. Lewis geht ebenfalls davon aus, dass der Geschmack von Kindern und Jugendlichen und die Modalitäten, diese anzusprechen, sich eigentlich von denen der Erwachsenen nicht unterscheiden und dass alle behaupteten Unterschiede artifiziell sind und auf falsch verstandenen Bildungsidealen beruhen, denn eigentlich gilt: „juvenile taste is simply human taste" (vgl. Lewis 1975, 35 – 41, Zit. 41). Die Science Fiction- und Fantasysettings Le Guins, die spezifischen Themen, besonders des Erdseezyklus, und die hinter dem dortigen Magieverständnis stehende Ganzheitlichkeit des Denkens und Fühlens sind dann aber eben nicht nur an Jugendliche gerichtet, sondern sie sind in der Lage, durch ihr Zusammenspiel auch in Erwachsenen und solchen der Adoleszenz zeitlich weit entrückten Menschen den Funken der Imagination und den Sinn für die Wunder und die Verzauberung des Seins wieder zu erwecken. Le Guin zeigt damit zudem, dass es darum geht, Gleichgewichte zu bewahren: in der Welt, in den Beziehungen, in der eigenen Seele.[104] Das Thema Equilibrium wird individuell zum ersten Mal in der Pubertät wichtig, eine hohe Bedeutung behält es aber auch im weiteren Leben. Und auch daran erinnern ihre Geschichten, auch daran erinnert Erdsee. Als solches ist dieser Zyklus, der die wichtigsten Aspekte des realen Lebens behandelt, eine Geschichte, die mit der ganzen Macht des Sinnes für Wunder und Verzauberungen, eigentlich von unserem Leben erzählt – und Le Guin hilft damit aktiv, das Kind überleben zu lassen.

Der Erzähler als Philosoph: Dennis L. McKiernan

Der US-amerikanische Schriftsteller Dennis Lester McKiernan (*1932) arbeitete 35 Jahre als Ingenieur in der Luft-, Raumfahrt- und Militärtechnik bevor ein schwerer Verkehrsunfall ihn für Monate in einem Ganzkörpergips ans Krankenbett fesselte. In dieser Zeit, so McKiernan, begann er Fantasy zu schreiben, „simply to stay sane while in effect living in a cement block".[105] Das schwere Unglück sollte sich als Glücksfall für die Fantasy erweisen, die so einen ihrer profiliertesten Autoren gewann. Im deutschsprachigen Raum ist McKiernan weniger bekannt. Die *Iron Tower*-Trilogie wurde zwar direkt nach ihrem Erscheinen in den späten Achtzigern übersetzt, die Übersetzungen weiterer Werke blieb jedoch zunächst aus. Erst in jüngerer Vergangenheit beginnt die Übertragung von *Mithgar*-Geschichten ins Deutsche.

Die Fantasywerke McKiernans bestehen im Wesentlichen aus zwei Reihen, dem *Mithgar*-Zyklus und Neuerzählungen bekannter Märchenstoffe in der *Once Upon A [Time]*-Reihe, die die bekannten Stoffe in das Gewand heroischer Fantasy kleidet und um zusätzliche Handlungsstränge und einen erwachsenen-

115

gerechteren Stil erweitert. Während McKiernan im deutlichen Gegensatz zu Le Guin und auch im Vergleich zu Tolkien die Action forciert und die Handlung in teilweise hohem Tempo vorantreibt, so gehört er damit stilistisch zwar zum Mainstream der Fantasy ab den 1980er Jahren, dies stellt jedoch nicht den Fokus seiner Fantasy dar. War es bei Tolkien das Weltenerschaffen (inklusive deren spiritueller Verfasstheit) und deren Wirkung auf die Rezipienten und bei Le Guin der Mensch als Gegenstand parabelhafter Erzählungen, so sind es bei McKiernan Fragen kognitiver Unsicherheit, die im Mittelpunkt seines Werkes stehen – seine Protagonisten werden durch ihre Erlebnisse vor die großen Menschheitsfragen gestellt: Woher kommen wir? Wie ist die Welt/Realität beschaffen? Wie sollen wir handeln? Der Erzähler McKiernan wird zum Philosophen. Insofern spielt übrigens der Mythos in Mithgar, obwohl erzählungsimmanent oft auf Mythen und mythisches Wissen zurückgegriffen wird, eine geringe Rolle.

Angemerkt sei dabei, dass unter der Überschrift „Der Erzähler als Philosoph" das (bis jetzt solitäre) Buch *Caverns of Socrates* von besonderem Interesse ist, bei dem es sich nicht um Fantasy im definierten Sinne, sondern um Science Fiction handelt. Trotzdem sei es allen Fantasyfans herzlichst empfohlen, denn es erzählt die Geschichte einer Gruppe von Rollenspielern, die in einer virtuellen Welt ein packendes Fantasyabenteuer erleben. Dabei wird durchgehend die Frage nach dem Wesen von Realität gestellt, die sich mit der Vermengung von Realität, virtueller Realität und Fantasysetting für die Protagonisten besonders eindringlich stellt und den Leser mindestens in eindringliches Nachdenken versetzen wird.

Der *Mithgar*-Zyklus ist an dieser Stelle aber von eigentlichem Interesse, denn er erzählt die Geschichte der gleichnamigen Welt vom Auftreten eines typischen Charakters vom Typ Dunkler Herrscher[106] über mehrere Jahrtausende bis zu dessen endgültiger Niederwerfung. Damit folgt er einem in der epi-

116

schen Fantasy sehr beliebten Storyplot, wie er in der Nachfolge Tolkiens sehr oft gesponnen wurde. Was *Mithgar* aber so bemerkenswert macht – außer der Tatsache, dass es eine außerordentlich gelungene und spannende Umsetzung des Themas ist, die spannend dargebracht wird und über hochinteressante Charaktere verfügt (der Wolfsmagier Dalavar ist für mich eine der faszinierendsten Gestalten der Fantasy) und die zudem sehr gut geschrieben ist – ist die Einbettung philosophischer Fragestellungen in den Verlauf der Geschichten. Die meisten Stories drehen sich neben der Fortführung der Weltgeschichte auch um einen spezifischen philosophischen Aspekt. Im Vorwort des abschließenden Bandes des *Mithgar*-Zyklus *Silver Wolf, Black Falcon* schreibt McKiernan:

„In each of the stories I try to take up some central issue, idea, or philosophical or metaphysical question. [...] I try to explore [...] specific issues that mankind has struggled with for millennia, issues such as Predestination versus free will;[107] the nature of evil;[108] the connections between events in terms of cause and effect, and whether or not all things are connected;[109] the ability of the ‚common man' to rise to meet the challenge;[110] the falsity of the romance of war;[111] faith, reason, religion and dogma; and man´s effect on the environment[112]" (*Silver Wolf, Black Falcon,* xiii).

Die Fragestellungen durchziehen typischerweise unaufdringlich aber auffallend die gesamte Geschichte. Die Protagonistinnen unterhalten sich (in für Abenteurer stilistisch angemessener Form, es sind keine heideggerianischen Spekulationen, die da ausgebreitet werden) über die im Zentrum stehenden Fragen, die philosophischen Aspekte und Dilemmata werden aber auch in die Geschichte selbst eingewoben und einem Lösungsansatz zugeführt. Bei diesen Lösungen zeichnet sich McKiernan zudem dadurch angenehm aus, dass er die Lösungen sehr vorsichtig präsentiert, sie oft selbst zu hinterfragen scheint und

117

nicht in Dogmen verfällt. Auch der gemeinsame Faden („common thread", xiv), der die gesamte *Mithgar*-Dichtung durchzieht, die Auseinandersetzung zwischen Freiheit und Unterdrückung, wird nicht kompromisslos us-amerikanisch, sondern nachdenklich, aber mit klarer Präferenz eines humanistischen Freiheitsideals, behandelt, ganz ähnlich wie bei Tolkien übrigens (vgl. Weinreich 2005b u. 2006).

Die Frage ist natürlich, inwiefern es angemessen und möglich ist, derart tiefgreifende Fragen der Philosophie im Rahmen von Fantasy aufzuwerfen oder gar zu beantworten. McKiernan selbst ist da eher bescheiden und skeptisch:

> „I think the best I can do in my fantasies is simply to raise philosophical or metaphysical questions, and perhaps provoke the reader to further explore the issues.
>
> [...] my background is embedded in science: by training, I am an engineer; by inclination, I am curious; and, by religion, I am an agnostic. So, when it comes to metaphysical and philosophical issues, I am usually thwarted, because my scientific background demands repeatability, mathematical proof, and/or logical and incontestable results. Yet, my curiosity drives me to look into issues that do not yield to scientific analyses, issues such as: What is the nature of reality? How do I know something is real? Do humans have souls? Do all things have souls? Is there a god? What is the essence of evil? [...] These questions, by their very nature, do not yield to scientific measures of weight, height, breadth, charge, density, spin, momentum, inertia, and the like.
>
> [...] At best, I can merely pose the question and have the character raise even more questions as to the nature of the issue at hand.
>
> [...] For me, at the end of the exploration of these questions, I find it comes down to faith versus reason, because many, if not all, of these philosophical/metaphysical matters do not yield any final answers to reason."[113]

118

Ich denke, dass Autorinnen und Autoren der Fantasy (und Science Fiction und anderer phantastischer Literatur) es ruhig auch offensiver als McKiernan vertreten könnten, die großen philosophischen Themen in fiktionaler oder auch spielerischer Form aufzunehmen. Zwar ist die Fiktion nicht der Ort, philosophische Systeme nach den Regeln der Wissenschaftstheorie zu entwerfen, und auch Platon hat in *Der Staat* (*Politeia*) bekanntlich gefordert, dass die Dichter aus dem idealen Staat gewiesen werden sollen (607a), aber die Fiktion ist doch der Ort Fragen aufzuwerfen und Antworten auszuprobieren. Nichts anderes ist es schließlich, was die gesamte *Faustus*-Dichtung, von ihren Anfängen in den *Prometheus*- und *Pygmalion*-Legenden über die Fauste Marlowes, Goethes bis zu Thomas Mann, darstellt, um nur das vielleicht berühmteste Beispiel der Einbettung von Philosophie in die Fiktion zu nennen. Mehr noch als alle anderen Genres ist es die Fantasy, die sogar dazu prädestiniert ist, Philosophie in ihren Erzählungen zu inkorporieren. Das Übernatürliche, die imaginären Welten und die unzähligen Möglichkeiten der Magie laden geradezu dazu ein, Gedankenexperimente zu unternehmen, die die großen Fragen des menschlichen Seins spielerisch durchgehen und mit den verschiedensten Antworten versehen. Bewusst wählte Goethe für seinen Faust einen Fantasystoff, der es ihm erlaubte, die Satansfigur des Mephistopheles als ewigen Verführer in die Handlung einzubauen und Faust so vor ins Unmögliche überhöhte Perspektiven zu stellen, die die Größe der Versuchung drastisch illustrieren und damit auf die Tiefe des Problems hinweisen. Fiktion und Fantasy können und sollen nicht als Ersatz für den philosophischen Diskurs und auch nicht für seine erschöpfenden Fachmonographien dienen, aber sie sind allemal in der Lage Fragen aufzuwerfen, Diskussionen anzustoßen und Standpunkte zu illustrieren – man lese nach bei McKiernan. Selbst der ‚Dichterjäger' Platon, unbezweifelbar einer der wichtigsten Philosophen,[114] verdeutlicht zentrale Aspekte seiner

Philosophie in fantasyartigen Gleichnissen, etwa dem vom Ring des Gyges: Gyges, ein einfacher Hirte, entdeckt einen unsichtbar machenden Ring und erhält damit die Möglichkeit, alles zu tun, was er will. Er erliegt dieser Versuchung und begeht unzählige Verbrechen bis zum Königsmord, der ihn selbst auf den Thron führt (*Politeia*, 359b - 360b). Sühnen muss er nie und Platon nutzt die Geschichte, um die Frage zu thematisieren, ob Ethik ein Wert ist, den es an sich zu verfolgen lohnt, oder ob es nicht klüger sei, bei garantierter Sicherheit vor Entdeckung, eigennützig zu handeln und es so bis zum König zu bringen.[115] Es gibt nach meinem Dafürhalten keinen Grund, die Illustration philosophischer Fragestellungen und auch die Antworten, die die Autorinnen darauf meinen geben zu können, nicht in die Form von Fiktionen zu bringen und die Fantasy scheint den besten Rahmen für das ernsthafte Spiel mit Gedankenexperimenten zu bieten.

Schlusswort

Die Reihung Tolkien, Le Guin, McKiernan oder inhaltlich Fantasybedeutung und -funktion, Fantasy als Abbild des Lebens und Fantasy und Philosophie habe ich natürlich bewusst ausgewählt. Die Definition, der Exkurs über den Mythos und die Geschichte des Genres als Reaktion auf die Umstände der Zeitalter, besonders der Moderne und der Industrialisierung, und die Beschreibung der verschiedenen Spielarten von Fantasy war auch dazu gedacht, auf die drei Beispiele vorzubereiten. Die Komposition soll zeigen, wozu Fantasy in der Lage ist, was sie alles der aufgeschlossenen Leserin oder dem unvoreingenommenen Zuschauer und Spieler zu geben vermag und vor Augen führen kann. Es ist meine Überzeugung, dass metaphysisches Denken und eine bestimmte, oft auch sehr ausgeprägte, emotionale Beziehung zum Übernatürlichen zur psychischen

Natur[116] des Menschen gehören. Dieser emotionale wie intellektuelle ,Hunger' wird von Religion und Mythos *und* von Fantasy befriedigt. Fantasy hat dabei aber die Sonderrolle inne, offen als Spiel und Unterhaltung aufzutreten – denn gemäß der engen Definition von Fantasy, gibt sie sich ja als *nicht wahr* zu erkennen – und somit niemanden zu bedrängen, niemanden einzuschüchtern, niemandem eine enttäuschbare Hoffnung[117] anzubieten. Doch halt, die Beschreibung von Fantasy droht nun wirklich moralinsauer zu werden und wenn man eines bei Fantasy unterlassen sollte, dann ist es, sie mit erhobenem Zeigefinger vorzulesen. Und diese Gefahr besteht natürlich, wenn der Bedeutungsaspekt zu stark strapaziert wird. Zunächst ist Fantasy nämlich Unterhaltung: „What´s the use of it all?", fragt Ursula Le Guin, „Dragons and hobbits and little green men – what´s the use of it?" Und ihre Antwort lautet: „The truest answer is, ,The use of it is to give you pleasure and delight'" (Le Guin 1979, 43). Die Unterhaltungsfunktion, die ja auch anspruchsvolle Unterhaltung im oben erwähnten Sinne von Tolkiens „Recovery" und „Fantasy" meint, ist sicherlich die erste und wichtigste Funktion von Fantasy heute. Doch darüber hinaus verweisen die vielfältigen Erzeugnisse des Genres Fantasy auf das Übernatürliche und auf einen gewissen Zauber, den man jederzeit mit Gewinn tagträumen kann. Ich kann nur mit den dargelegten guten Gründen dazu ermuntern, das Elfenland regelmäßig zu besuchen und möchte mit Lord Dunsany zum Schluss eine Stimme zu Wort kommen lassen, die das viel besser zu sagen imstande ist:

> *Go then with your face turned towards that light*
> *that beats from fairyland and that faintly*
> *illuminates the dusk between sunset and early stars,*
> *and this shall guide you till you come to the frontier*
> *and have passed the fields we know.*
> (Lord Dunsany: *The King of Elfland´s Daughter*)

Danksagung / Über den Autor

Ich möchte den folgenden Personen herzlich danken, ohne die das Buch nicht das Licht der Literaturwelt erblickt hätte. Prof. Thomas Honegger, Friedhelm Schneidewind und Anja Stürzer danke ich für Rat, Hilfe und die kritische Durchsicht des Manuskripts; Dennis McKiernan für manch wertvolle Unterrichtung und einsichtsvolle Mails; meinen Verlegern Tanja und Dr. Oliver Bidlo für Hilfe und Vertrauen in das Projekt; Dr. Matthias Kurtz und den „Discussioners" für langjähriges Ertragen der lügnerischen Bardenfiguren, die ich im Fantasyrollenspiel so gerne übernehme und durch die ich soviel über das Wesen von Fantasy gelernt habe; ungezählten Freunden des Genres für all die Diskussionen bei Festen, Cons, Tolkientagen, Stammtischen und dem gemütlichen Beisammensein, die meine Ein- und Ansichten über die Fantasy entscheidend prägten. Und meiner Familie für ihre Geduld mit meiner Schreiberei!

Ich bin Jahrgang 1962, verheiratet, Vater eines Sohnes. Ich erlernte den Beruf des Krankenpflegers, studierte Kommunikationswissenschaften, Philosophie und Politikwissenschaften und arbeitete in der empirischen Sozialforschung an den Universitäten Bochum und Dortmund. Nachdem ich den Doktor der Philosophie mit einer Arbeit zur Ethik erworben hatte, verließ ich die Uni und arbeite als freier Autor und Lektor in Bochum.

In Fantasykreisen bin ich vor allem durch eine ganze Reihe von Publikationen über das Werk J.R.R. Tolkiens bekannt. Auf meiner privaten Webseite finden sich unter www.polyoinos.de /tolk_stuff/tolk_ start.htm derzeit 40 Beiträge zum Werk Tolkiens, Fantasy und Mythologie. Ich bin Mitherausgeber der *Edition Stein und Baum* und von *Hither Shore,* dem Jahrbuch der *Deutschen Tolkiengesellschaft*, sowie Mitglied des Board of Advisors von *Walking Tree Publishers*. Ich schreibe aber auch eigene Fantasy und Science Fiction, von denen einige im Netz stehen.

Anmerkungen

1   Der Begriff „unbekannte Gefilde" ist, wie alle Motti eingangs der einzelnen Kapitel, dem großartigen Buch *The King of Elfland's Daughter*
von Lord Dunsany entnommen (er spricht im Englischen von „the
fields we know" und „the fields we don't know"; Lord Dunsany
1999, 2 u.ö.). Das ist eine sehr schöne Umschreibung für die Reiche,
die Fantasy zu erschließen vermag, so dass ich sie als Überschrift für
die Einleitung wähle, auch wenn in ihr noch nichts von dem Übernatürlichen enthalten ist, das, wie in Kapitel 2 gezeigt werden wird, das
Wesentliche der Fantasy ist. Lord Dunsanys Geschichte von der Königstochter aus Elfenland ist ein absolutes Meisterwerk der Fantasy,
besonders in stilistischer Hinsicht. Aus diesem Grund sind die Kapi-
telmotti alle diesem einen Werk entnommen, das vielleicht den
sprachlichen Höhepunkt des gesamten Genres darstellt. Allerdings
muss warnend gesagt werden, dass *The King of Elfland's Daughter* in Bezug auf die Handlungsorientiertheit heute populärer Fantasy im Stile
eines Markus Heitz oder eines Terry Goodkind bei weitem nicht mit-
halten kann (oder will) und Lesegewohnheiten zu enttäuschen vermag. Wer sich aber auf den sprachlichen Zauber und die Ruhe des
inhaltlichen Zaubers einlassen kann, findet ein Juwel vor. Leider vermag die derzeit einzige deutsche Übersetzung den sprachlichen Zauber und die stilistische Perfektion nicht ganz zu transportieren.

2   Empfehlenswert für die weitere eingehende Beschäftigung mit dem
Thema sind zunächst die folgenden, allerdings anspruchsvollen wissenschaftlichen Werke: Northrop Fryes *Anatomy of Criticism* und *The
Secular Scripture*, Tzvetan Todorovs *Einführung in die fantastische Literatur*
(in diesem Buch zitiert nach der englischen Übersetzung) und Helmut
W. Peschs *Fantasy*, wobei nur das Buch von Pesch sich ausschließlich
um Fantasy dreht und das Buch von Todorov nicht mehr in deutscher Übersetzung im Handel erhältlich ist (s. Literaturverzeichnis für
die Angaben zur englischen Fassung). In den genannten Werken und
im weiteren Text dieses Buches finden Sie nach dem Prinzip des
Schneeballeffektes eine Vielzahl weiterer wichtiger Literaturangaben.

3   Kaum ein Übersichtswerk des vergangenen Jahrhunderts kommt ohne eine mehr oder weniger zurückhaltende Apologetik aus. Eigentlich
hat Fantasy das nicht nötig – das zu zeigen ist auch ein Anliegen dieses Buches und wird besonders in den Kapiteln 3 und 4 hoffentlich
ersichtlich werden.

4   Vgl. bspw. Waggoner 1978, Pesch 2001, Clute/ Grant 1997. Die literaturtheoretischen Grundlagen werden besonders in Frye (1976 und
2000), Todorov 1975 und Pesch 2001 behandelt. Auf Literaturtheorie

und Psychologie geht besonders Jackson (1981) ein. Wertvolle diesbezügliche Essays finden sich besonders bei Le Guin (1979). Die wichtigste und umfassendste Enzyklopädie stammt von Clute und Grant (1997). Immer noch interessant sind auch die eher subjektiv, flott und sehr meinungsfreudig geschriebenen Übersichten von Carter 1973 und Sprague de Camp 1976.

5   Fantasy umfasst nach Grant und Clute „any format in which a fantasy story can be told: the written word; comics and graphic novels; illustration and fantasy art; cinema and television; music (notably opera and sound)" (Clute/ Grant 1997, 338). Zur Begründung, dass auch Bilder (und Skulpturen, Gouache etc.) zur Fantasy gehören, obwohl die ja immer eine Story umfassen soll, argumentieren Clute und Grant überzeugend, „image is understood as a moment taken from a story that began some time before and will continue for some time afterwards" (339).

6   Beispiele kann ich aus Raumgründen in dieser Publikation nur ein paar geben. Aber ich möchte auf Friedhelm Schneidewinds Buch *Mythen und Phantastik* verweisen, das sich gänzlich um die Motive und Topoi des Mythos und ihre Verwendung in der phantastischen Literatur dreht und das etwa zeitgleich ebenfalls im Oldib-Verlag erscheint.

7   Einen guten Einblick in die Entwicklung des (Selbst-)Verständnisses von Fantasy gibt Richard Mathews in Kapitel 1 seines Buches *Fantasy. The Liberation of Imagination.*

8   Obwohl Pesch sicherlich Recht hat, wenn er Fantasy als Gattung ebenfalls (auch, aber bei weitem nicht nur) historisch verortet und sie als „Kind der 60er- und frühen 70er-Jahre" bezeichnet. Nur sagt dies ebenfalls nichts über das Wesen der Gattung aus (Pesch 2001, 32).

9   Der Begriff der literarischen Gattungen wird ebenfalls nicht einheitlich gebraucht, obwohl er sich als der wichtigste Begriff für die *Einordnung* von literarischen Werken erweist, da diese zuerst über Gattungszugehörigkeiten in Beziehung zu anderen Werken stehen (vgl. Todorov 1975, 11). Im Rahmen der Gattungslehre hat sich jedoch ein gewisser Konsens herausgestellt, auf den meist Bezug genommen wird, so auch hier. Demnach gibt es wenige Hauptgattungen wie Lyrik, Epik, Dramatik und eine Vielzahl von ihnen zuordbaren Untergattungen oder Subgenres. (vgl. Müller-Dyes 1997 sowie zur phantastischen Literatur Todorov 1975, Kap. 1 und 2). Natürlich kann man sich der Gattungszuordnung mit guten Gründen auch gänzlich entziehen, wie es sich etwa die bekannte Science Fiction- und Fantasy-Autorin Ursula Le Guin wünscht, die ihre Erzählungen am liebsten einfach als „novels" bezeichnet sehen würde (Le Guin 1979, 16), aber dieser Weg verbietet sich für ein Buch wie das vorliegende, das ja gerade in ein bestimmtes Genre schließlich

126

einführen will. Den Begriff Genre benutze ich im Übrigen synonym zu Gattung. Es ist an dieser Stelle nicht nötig, auf den ansonsten wichtigen Unterschied von historischen und systematischen Gattungskonzeptionen einzugehen.

10 Vgl. bspw. Müller-Dyes 1997; Pesch 2001, 29 -39; Todorov 1975, 7 – 24; Frye 1965.

11 Jedoch nicht die Werke von beispielsweise Markus Heitz, Bernhard Hennen, James Barclay, Terry Goodkind, Robert Jordan, George R.R. Martin, Ed Greenwood, Eoin Colfer, Robert A. Salvatore und anderen gerade seit Beginn des aktuellen Jahrzehnts sehr populären Fantasyautoren, die ihre Popularität jedoch nahezu ausschließlich innerhalb der Gemeinde der Fantasyleser genießen (mit Ausnahme Martins, der als derzeit einer der wichtigsten Impulsgeber der Fantasy aufgeführt sein soll, aber auch auf anderen literarischen Gebieten heraus ragt).

12 Das stimmt so aber nicht, vgl. Kap. 3.

13 Vgl. Weinreich 2001 für eine knappe, aber vollständige Zusammenfassung der Handlung.

14 Das ist eine Einschränkung von Fryes berühmter Klassifizierung des literarischen Helden als „somebody doing something" (Frye 1990, 33), an der sich die Bezeichnung des Helden sonst gerne anlehnt, um auf den in der Regel abenteuerlichen Charakter von Fantasy zu verweisen.

15 „Secondary Worlds" - eine Wortschöpfung von Tolkien aus dem Essay *On Fairy Stories*, der damit auf den Unterschied zwischen erster, realer Welt und der zweiten Welt der Imagination hinweist. In einem weiteren Denkschritt bezeichnet die zweite Welt auch die zweitgeschöpfte Welt, die der über Kreativität im Sinne des christlichen Glaubens an die Gottebenbildlichkeit des Menschen verfügende menschliche Zweitschöpfer in Anlehnung an die erste Schöpfung, Gottes Welt und Universum, zu erschaffen vermag.

16 Es gibt auch (und zwar in zunehmender Form) so etwas wie Science Fiction, die sich der Fantasy bedient, etwa in Form des *Shadowrun*-Rollenspielsystems und der aus ihm abgeleiteten Romane oder in Dennis McKiernans für das Genre außerordentlich philosophischem Roman *Caverns of Socrates* und in Tad Williams *Otherland*-Zyklus – in beiden Fällen meisterlich als erzählerisches Mittel genutzt. *Shadowrun* ist soetwas wie High-Tech Fantasy, denn hier finden sich (auch) alle Charakteristika des Genres, nur in einem ungewöhnlichen Setting. *Otherland* und die *Caverns* sind keine Fantasy, da hier das Übernatürliche (vgl. die Definition S. 37) nicht wirklich existent ist.

17 „A Fantasy is a book or story [...] in which magic really works" (Carter 1971, 6).

127

18 „In such worlds the supernatural is not merely a possibility, but actual fact [...] their existence and activity are subject to material proof" (Waggoner 1978, 10).

19 Das „die Realität überschreitende Moment" bitte ich, nicht mit Unmöglichkeit als Charakteristikum von Fantasy zu verwechseln. Ob etwas unmöglich ist, ist in Fragen des Transzendentalen eine Angelegenheit des Glaubens und kann nicht ohne Weiteres unter die Überschrift „Unmöglich!" gesteckt werden. Zudem muss man mit Arthur C. Clarke darauf hinweisen, dass jede ausreichend fortgeschrittene Technologie von Magie nicht zu unterscheiden ist und auch aus diesem Grund das Etikett „Unmöglich" das Definitionskriterium weiter belasten würde. Demgegenüber gibt es eine Reihe von Kolleginnen und Kollegen, die „impossibilities" (es sind mehrheitlich englischsprachige Arbeiten) als definierendes Charakteristikum von Fantasy ausweisen. So zu finden etwa bei Rosemary Jackson (1981), Irène Bessière (1947), William Irwin (1976) oder Eric Rabkin (1976).

20 Was genau genommen nicht stimmt, denn die „impossibilities" werden innerhalb des Werkes ja meist schon erklärt, nur können die Erklärungen aber in der realen Welt keine Validität erreichen (vgl. Waggoner 1978, 18).

21 Was ein weiteres Kriterium für die Fantasy beschreibt, auf dessen Bedeutung besonders Tolkien hinweist, der in *On Fairy Stories* von erfolgreich verfasster Fantasy dann spricht, wenn es dem Autor gelungen ist, eine glaubwürdige und konsistente Welt zu erschaffen, „which your mind can enter" (1992, 36).

22 Mit der Erwähnung von Fantasyparodien soll kein Urteil, erst recht kein pauschal negatives, über ihren Wert verbunden sein. Es gibt da wirklich originelle und höchst amüsante Vertreter, etwa Myk Jungs *Der Herr der Ohrringe*. Ich veröffentliche selbst seit 2002 in jährlicher Abfolge unter www.polyoinos.de/tolk_stuff/tolk_start.htm eine Parodie auf *Der Herr der Ringe* und wäre schon deshalb sehr abgeneigt, mir selbst mit Pauschalismen ein schlechtes Zeugnis auszustellen.

23 Es geht bei den Hinweisen auf anders geartete Literatur mit übersinnlichen Inhalten jedoch nicht darum, sie qualitativ einordnen zu wollen. Das Übersinnliche wird hier ganz wertfrei als inhaltlicher Bestandteil von Literatur betrachtet und nicht etwa, so wie bspw. Ralf Isau das tut, in eine einerseits gute oder empfehlenswerte Phantastik, die dem eigenen Weltbild entspricht, das so versteckt, aber recht eigennützig in anscheinend intersubjektiv gültige Überlegungen Einzug hält, und in eine böse Phantastik, die Satanismus und Okkultismus Vorschub leiste, eingeteilt (vgl. Isau 2002, 10ff.). Man bekommt unüberwindbare Probleme, wenn man aus einer Klasse von Zeugen, die man für seinen (legitimen) Zweck herbeiruft, eine bestimmte Unter-

128

menge ohne suffiziente Gründe auszuschließen versucht.

24 Manlove beobachtet nicht zu Unrecht, dass das Übernatürliche, da wo es in böser oder erschreckender Form auftritt, üblicherweise zumindest annähernd gleichstarke wohlwollende Gegenspieler übernatürlicher Art hat oder solche, die über derartige Kräfte oder Hilfsmittel verfügen (Manlove 1975, 11).

25 Problematisch wird hier ein besonderer Fall der Horrorliteratur: Howard Ph. Lovecraft und der von ihm ins Leben gerufene Cthulhu-Mythos, der fast immer Horror, dann aber doch auch Fantasy ist. Lovecraft selbst vertritt übrigens auch eine von der hier geschilderten differierende Auffassung von Horrorliteratur, als deren wesentlichstes er gerade die durch Übernatürliches hervorgerufene Atmosphäre versteht und sie von der bloßen Angst durch diesseitig wurzelnde psychologische oder physische Gefahren unterscheidet. Demgemäß müsste die Horrorliteratur nach dem von mir vertretenen Verständnis doch zur Fantasy gezählt werden (vgl. Lovecraft 1995, 10ff.), ich vermag mich in dem Punkt jedoch Lovecraft nicht anzuschließen.

26 Dies wird zwar von Pesch nicht als zulässiges Kriterium der Definition von Fantasy anerkannt (2001, 55f.), da er (prinzipiell völlig zu Recht) darauf hinweist, dass der fiktionale Charakter von Literatur historischen Veränderungen unterworfen ist – was mal als Tatsache geglaubt wurde, kann später als Fiktion identifiziert sein (und dieses Wissen kann auch wieder verloren gehen) – und man deshalb nicht im Anschluss an Manlove (1975, 1) annehmen könne, dass der Anspruch, Fiktion zu sein, immer bestand oder bestehen wird. Diese Einführung in die Fantasyliteratur beschreibt jedoch Fantasy von der Warte ihrer Zeit aus und kann deshalb meiner Überzeugung nach auch auf den heutigen Glaubens- und Erkenntnisstand zugreifen, nach dem sich Werke der weiten wie der engen Definition von Fantasy *immer* eindeutig auf Grund ihres inhärenten externen Wahrheitsanspruches oder der von außen herangetragenen Überzeugung über ihren externen Wahrheitsgehalt unterscheiden lassen.

27 Genauer gesagt; kein Erzeugnis der jetzt folgenden engen Definition von Fantasy. Religiöse Schriften treten natürlich mit Wahrheitsanspruch nach außen auf.

28 Es gibt wenige Grenzfälle, in denen diese Trennung sich andeutungsweise aufhebt. Bei den späteren Arbeiten L. Run Hubbards, des Gründers der Scientology-Sekte, etwa ist nicht mehr klar auszumachen, wo die Fiktion endet und wo sie sich in Rechtfertigungsschriften für die Hubbardsche Pseudoreligion Scientology zu drehen beginnt. Dies sind aber im vorliegenden Zusammenhang vernachlässigbare Sonderfälle.

29 So wird bspw. von Link und Dietrich darauf hingewiesen, dass die

129

Gräueltaten Gottes – die Bibel weist immerhin über eintausend Stellen auf, in denen Gott mit Tod und Untergang bestraft und es gibt über hundert Textstellen, in denen Gott ausdrücklich auffordert, jemanden zu töten (Schwager 1985, 65 u. 70) – sinnbildlich zu verstehen sind und Schuld und Sühne metaphorisch aufarbeiten (vgl. Dietrich/ Link 2000 I, 77 - 86).

30 Oder, wie Michael Ende hintersinnig fragte: „Wenn Kafka uns mit seinen Romanen das sagen wollte, was seine Interpreten interpretieren, warum hat er´s dann nicht gesagt?" (Ende 1994, 43).

31 Damit stimmt die engere Definition von Fantasy recht weit mit der Fantasydefinition Colin Manloves überein: „fantasy is: a fiction evoking wonder and containing a substantial and irreducible element of the supernatural with which the mortal characters in the story or the readers become on at least partly familiar terms" (Manlove 1975, 1 u. 10f.). Ich ziehe es im Gegensatz zu Manlove jedoch vor, das Gefühl des Rezipienten („evoking wonder") außer acht zu lassen, denn die Definition von Fantasy kann nicht zuverlässig von den Eindrücken der Leserinnen und Leser abhängig gemacht werden. Zudem gibt es durchaus Fantasy, deren zentrale Charaktere nicht sterblich sind, etwa den Titelhelden von John Brunners *Reisender in Schwarz* oder die meisten Helden aus Bernhard Hennens Elfenzyklus (bekannte Beispiele, das muss zu Manloves Entschuldigung gesagt sein, die dieser noch nicht kennen konnte, aber es gab auch vor 1975 nicht sterbliche Fantasyprotagonisten, etwa Dunsanys Lirazel).

32 Verstanden werden „muss", um sie angemessen zu begreifen: Die Leserinnen und Leser könnten natürlich anfangen, Crom, den Stammesgott des barbarischen Conan Robert E. Howards, anzubeten. Damit hätten sie aber den Charakter der Conangeschichten falsch erfasst.

33 Die Formulierung „das Gemeinsame des Sinns" soll von Anfang an darauf hinweisen, dass der Sinn von Fantasy, wie jegliche Sinnzuweisung oder Sinnerkenntnis eine subjektive Angelegenheit ist, dass es also eine Vielzahl von Sinn und Bedeutung gibt, die Fantasy zu erlangen vermag. Allen Bedeutungen ist jedoch das Übernatürliche und sein Zauber gemein.

34 Das von mir angenommene metaphysische Bedürfnis des Menschen bedarf gleichermaßen der kognitiven Aufarbeitung, doch wird man dazu Fantasy wohl allenfalls als Anlass nehmen, seine Überlegungen aber ansonst auf Vorarbeiten und Theorien aus den Bereichen Philosophie, Religion, Psychologie und Naturwissenschaften stützen. Fantasy hingegen spricht mehr das Gefühl an.

35 Mythos ist eine altgriechische Vokabel, die zunächst bloß „Geschichte" bedeutete.

36 So James Engell in einer treffenden Charakterisierung des griechi-

130

schen Wortes phantasia: „Coming from the Greek, *phantasia* carried with it the suggestion of creativity and play of mind, with the possible implication of license and illusion as a byproduct of that freedom." (vgl. Engell 1981, 173; Hervorhebung. i. Orig.).

37 Hier ist nicht der Ort, auf die Zweifel an der Faktizität der Realität einzugehen, die bspw. in der Philosophie prinzipiell erhoben werden oder die sich in postmodernen Theoriegebäuden und der Anwendung konstruktivistischer und dekonstruktivistischer Thesen ausdrücken. Diese Zweifel an einer einheitlichen und objektiv erkennbaren Realität haben nämlich insofern nichts mit dem Mythischen zu tun, als sie bei allem Zweifel den Schritt in die Transzendenz nicht gehen, der für das Mythische konstitutiv ist.

38 Frye 1976, 8: „The difference between the mythical and the fabulous is a difference in authority and social function, not in structure. If we were concerned only with structural features we should hardly be able to distinguish them at all."

39 Zu Newton vgl. die *Principia Mathematica*, zu Laplace vgl. die *Théorie analytique*, zu Locke vgl. *Zwei Abhandlungen über die Regierung*, zu Pascal vgl. *Gedanken*, zu Keats vgl. *Lamia*, ein Gedicht, das den Widerstreit von Mythos und Logos und den vermeintlichen Triumph des Logos sehr schön illustriert, wie in den folgenden Zeilen zu sehen ist:

„...
There was an awful rainbow once in heaven:
We know her woof, her texture; she is given
In the dull catalogue of common things.
Philosophy will clip an Angel's wings,
Conquer all mysteries by rule and line,
Empty the haunted air, and gnomed mine—
Unweave a rainbow, as it erewhile made
The tender-person'd Lamia melt into a shade."
...„

(John Keats: *Lamia*, Zeilen 231 – 238)

Der Topos von *Lamia* wurde in der Romantik mehrfach aufgegriffen, im deutschen Sprachraum besonders beeindruckend ist Novalis´ - im Gegensatz zu Keats hoffnungsvolle – philosophische Poetik zu diesem Thema:

„Wenn nicht mehr Zahlen und Figuren
Sind Schlüssel aller Kreaturen
Wenn die so singen, oder küssen,
Mehr als die Tiefgelehrten wissen,

131

Wenn sich die Welt ins freie Leben,
Und in die Welt wird zurückbegeben,
Wenn dann sich wieder Licht und Schatten
Zu echter Klarheit werden gatten,
Und man in Märchen und Gedichten
Erkennt die wahren Weltgeschichten,
Dann fliegt vor Einem geheimen Wort
Das ganze verkehrte Wesen fort."
(Novalis: *Wenn nicht mehr Zahlen und Figuren*)

40 Ein Glaube übrigens, der in der westlichen Welt allein von einer schon immer im Mythos verwurzelten Institution nicht geteilt wurde: der katholischen Kirche.

41 Auch in Australien, Neuseeland. In Afrika, Asien, Mittel- und Lateinamerika ist die Bedeutung des Mythos nie in dem Maße angezweifelt worden wie im sich entwickelnden westlichen Kulturkreis.

42 Diese Behauptung möchte ich auch angesichts einer jüngst aufflammenden Diskussion um den sog. „Neuen Atheismus" stehen lassen, auf die ich hier nicht eingehen kann, deren Tragweite aber erst einmal abgewartet werden muss.

43 „[Der] Mensch [ist] ein unvollständiges Wesen geblieben[.] Dieses Defizit wird ihm immer wieder bewusst, schürt sein Misstrauen gegen die eigenen Fähigkeiten, nährt den Zweifel an seinem Weg aus der Natur und schafft den Wunsch nach einer großen Geborgenheit, die ihn entlastet und gleichzeitig in seinem Handeln bestätigt" (Weniger 2001, 81).

44 Diesen Umstand anzuerkennen ist eines der vielen Verdienste, das Tolkiens Werk auszeichnet. Vgl. Weinreich 2005.

45 „Die erforderlichen selbstreflektorischen Fähigkeiten sind an die kognitive Leistungsfähigkeit des Gehirns gekoppelt und können für den entwickelten Homo erectus aufgrund der erkennbaren biologischen und kulturellen Standards erwartet werden" (Weniger 2001, 57).

46 Wer dies wie Anselm von Canterbury versuchte, scheiterte später (wie Kant nachwies), sprach aber von Anfang an eine Sprache, die nur für die allerwenigsten verständlich war und jegliche Popularisierung schon deshalb verhinderte.

47 Was natürlich auch mit dem Verlust antiker Gelehrsamkeit in der Folge des Zusammenbruchs Roms zu tun hat und damit starke außerhalb von Mythos und Logos selbst liegende, historische Gründe hat.

48 Gottes Tod ist an verschiedenen Stellen von Nietzsches Schriften ein Thema. Die eindrücklichste findet sich in *Die fröhliche Wissenschaft*, Aphorismus 125 (Nietzsche *KSA* 3, 480ff.).

49 Ganz ähnlich sah das schon zweihundertfünfzig Jahre früher der

132

französische Philosoph Blaise Pascal: „ ... wenn ich bedenke wie das ganze Weltall stumm ist ..." (Pascal 1987, 94).

50 Für diese Aussage muss man sich gar nicht auf unter Umständen schwer nachvollziehbare romantische Einstellungen, etwa eines Michael Ende berufen, für den „wahre Kunst und wahre Poesie [...] aus einer Ganzheit von Kopf, Herz und Sinnen" geboren werden (Ende 1994, 190); die sinnstiftende Wirkung mythischen Denkens wird ganz praktisch in Psychologie und Psychiatrie therapeutisch angewandt.

51 Frenschkowski geht bspw. davon aus, dass etwa Tolkiens *Mittelerde*, die sicherlich wirkungsvollste Erzählung des Genres, bewusst und in „narrative[r] Gleichrangigkeit [...] mit den großen Mythen der Inder und Germanen, Griechen und Kelten, Indianer und sonstigen Völker behauptet und inszeniert" wurde (Frenschkowski, 2006, 249).

52 Tolkien beschreibt in *On Fairy Stories* vier wesentliche Funktionen von Fantasy, eine davon die Recovery. S. Kap. 4, Tolkien (S. 104).

53 Für einen ersten Überblick ist die Zeittafel in Mathews *Fantasy* hilfreich, auch wenn sie teilweise zu breit gefächert ist und teilweise wiederum Lücken aufweist (vgl. XV – XX).

54 Mindestens drei märchenhafte Erzählungen aus Ägypten könnten noch älteren Datums sein und aus der Zeit von 2.600 bis 2.700 v. Chr. stammen, ihre genaue Datierung ist aber unsicher. Vgl. Mathews 2002, 6 u. 154f.

55 Zur Datierung der genannten Werke: Homerische Epen ~ 750 v.Chr.; Aesops Fabeln ~ 620 v.Chr.; *Mahabharata* ~ 400 v.Chr.; *Ramayana* ~ 400 - 200 v.Chr.; *Aeneis* ca. 19 v.Chr.; *Metamorphosen* ca. 17 v. Chr., *Der Goldene Esel* ca. 170. n.Chr.

56 Zur Datierung der genannten Werke: *Beowulf* ~ 750; *Mabinogion* ~ 1400, *Prosa-Edda* ~ 1200; *Parzival* ca. 1210; Göttliche Komödie ca. 1320; *Canterbury Tales* ab ca. 1387; *1001 Nacht (Alf Laylah Wa-Laylah)* ca. 1450; *Le Morte d'Arthur* ca. 1485.

57 „[There] seems to be an aboriginal human impulse towards fantasy" (Mathews 2002, 10).

58 Für das Bild von Viktor Frankenstein und seinem Geschöpf (nicht Monster!) noch prägender als das Buch ist heute wohl die berühmte Verfilmung aus dem Jahr 1931 von James Whale mit Boris Karloff in der Rolle des Monsters. Die enthält aber nur Motive aus Shelleys Roman und beruht auf einer Bühnenfassung von Peggy Webling. In Shelleys Roman wird kein grottenhässliches Monster aus Leichenteilen zusammengenäht und in einem Gewitter von einem Blitzschlag zum Leben erweckt. Das Geschöpf ist vielmehr hoch kultiviert und intelligent und Frankenstein nicht der Prototyp des mad scientist.

59 Coleridges Gedicht *Christabel* war wiederum einer der wichtigsten Einflüsse für Mary Shelleys *Frankenstein* (vgl. Williams 1995, 424):

man sieht, es greift vieles ineinander in der phantastischen Literatur. Das ist einer der Gründe für die fließenden und wenig trennscharfen Übergänge zwischen den Subgenres.

60 Es würde den Rahmen der hier angestellten Überlegungen bei weitem sprengen, wollte ich auch nur versuchen, einführend auf die Debatte einzugehen, woran es liegt, dass eine rein empirische Weltsicht so viele Menschen nicht befriedigt. Die Pole der Debatte reichen von der in Wahrheit bloß spekulativen Erklärung, dass die Empirie nicht befriedige, weil es eben ein Faktum sei, dass es mehr als ein unseren Messinstrumenten zugängliches Universum gibt, bis zu der beleidigenden Position, dass es leider naive und primitive Denker gäbe, die einfach nicht die intellektuelle Kapazität und angemessene Bildung besäßen, einzusehen, dass alle Metaphysik bloße Spökenkiekerei sei. Ich persönlich glaube, dass allerdings ein psychologisches Faktum besteht, dass der Mensch ein Bedürfnis nach Sinngebung hat, das nur mit metaphysischen Annahmen und Überzeugungen beantwortet werden kann (vgl. S. 162). Dieses Bedürfnis kann allerdings kulturell überlagert sein, so dass nicht alle Menschen sich dieses Bedürfnisses bewusst sind bzw. glaubhaft negieren, ein solches zu besitzen. Diese, meine persönliche und daher wenig maßgebliche Überzeugung, erwähne ich an dieser Stelle nur aus dem Grund, dass sie sich natürlich in meinen Ausführungen zum Mythos und zur Rolle und Bedeutung der Fantasy widerspiegelt, auch wenn ich mich bemühe, Meinung und Tatsachen kenntlich zu machen.

61 In der Tat muss man vom ‚Verlust der Metaphysik‘ reden, denn sie ist durch die Empirie und später den Positivismus als valides Erklärungsmuster verloren gegangen und zu einer bloßen Spekulation, man kann fast sagen verkommen. Seit einer geraumen Zeit gibt es wissenschaftlich fundierte Denkmodelle, die der Metaphysik den alten erkenntnisgenerierenden Rang wieder zugestehen, doch im 18., 19. und den ersten zwei Dritteln des 20. Jahrhunderts war die Metaphysik verloren, so dass die heftigen (intuitiven?) Gegenreaktionen der Romantik, der phantastischen Literatur und der Fantasy nicht verwundern.

62 Gerade bei *The Last Man* ist es wichtig, zwischen der Stimme der Erzählerin Shelley und ihrem Protagonisten Verney zu unterscheiden, denn Shelley stimmt in keiner Weise mit Verneys Ansichten überein. Für eine Einschätzung der Bedeutung von *Frankenstein* und *The Last Man* im besprochenen Kontext sowie ihrer Bedeutung für die phantastische Literatur vgl. Rosemary Jacksons exzellente Analyse (1981, Kap. 4, bes. 99 – 104). Betonen möchte ich nur noch einmal, dass beide Erzählungen keine Fantasy, sondern Science Fiction sind.

63 Im Original: „unweav[ing the] rainbow“; *Lamia*, Zeile 237 (vgl. den Auszug S. 152).

134

64 Quatermain und Tarzan, ein britischer Abenteurer und ein verlorener britischer Lord, der im Urwald, von den wilden Tieren sozusagen adoptiert, aufwächst, sind die prototypischen Helden der Abenteuergeschichten des späten 19. und frühen 20. Jahrhunderts. Sie durchstreifen unerforschte Wildnisse (oder leben dort) und erleben Abenteuer, die erzählerisch von Begegnungen mit exotischen und phantastischen ‚Wilden Menschen' und Tieren beherrscht sind. Anders als bei Karl May, der sonst ganz ähnliche, nur etwas glaubwürdigere Abenteuer seines alter ego Kara Ben Nemsi und Old Shatterhand erzählt, weisen die Geschichten von Burroughs und Haggard jedoch immer wieder auch phantastische Elemente auf, die sie in die Nähe der Fantasy rücken. Allerdings ist nicht jede unmögliche Begegnung gleich fantasyartig, da das (typische) Aufeinandertreffen etwa mit einem drei Meter großen, menschenfressenden Affen oder ähnlichem zwar unmöglich ist, denn solche Tiere gab und gibt es nicht, aber sie sind nicht von prinzipieller Unmöglichkeit, wie das Übernatürliche in Form von Magie oder Drachen, die es nach menschenmöglicher Erkenntnis nicht geben kann, sondern stellen nur eine mögliche, aber eben nicht realisierte Variante der irdischen Evolution dar. Insofern gleicht der carnivore Riesenaffe eher einem Topos der Science Fiction.

65 Pesch schreibt in dem Zitat diese Funktion als eine Ansicht Tolkien zu und vertritt sie, zumindest an dieser Stelle, nicht explizit selbst.

66 Dark Fantasy wird oft mit dem Horrorgenre verwechselt oder gleichgesetzt, bezeichnet jedoch eigentlich Fantasy, die zunächst nur dadurch gekennzeichnet ist, dass das gute Ende fehlt oder in sein Gegenteil verkehrt wird (vgl. Clute/ Grant 1997, 249). Allerdings ist Dark Fantasy üblicherweise, wie hier bei Smith, auch mit einem düsteren und horrorartigen Setting der Handlung verbunden.

67 Sprague de Camp bezeichnet Howard in den Siebziger Jahren, sicher nicht ganz zu Unrecht, als den meistgelesenen und einflussreichsten Fantasyautoren nach Tolkien (vgl. Sprague de Camp 1976, 135). Clute und Grant sehen seine Art der Geschichten als hoch einflussreiche Vorlagen für das gesamte Genre an.

68 Tolkien unterscheidet zwei Arten des Eskapismus und vier Funktionen der Fantasy (vgl. S. 104), die zusammenfassend darauf hinauslaufen, dass Fantasy als Kraftquelle im Kampf mit dem unübersichtlichen Alltag der modernen Welt dienen kann (vgl. meinen Aufsatz zu Tolkiens Ausführungen in seinem Aufsatz *On Fairy Stories* unter www.polyoinos.de/tolk_stuff/realitaet_fiktion.htm). Falls Morris und Dunsany dies bewusst oder unbewusst ähnlich empfanden, so würde es erklären, warum ein kämpferischer Sozialist und ein Offizier, Abenteurer, Jäger und wirtschaftlich vollkommen sicher

135

situiertes Mitglied des irischen Hochadels, sich Auszeiten in der Welt der Feen genehmigen.

69 Es wäre jedoch falsch anzunehmen, dass es mit Gut und Böse, Schwarz und Weiß ebenso einfach ist. Wenigstens bei näherem Hinsehen, sieht man sowohl bei Morris aber besonders bei Dunsany, dass es schwierig wird, die Rolle von Gut und Böse zweifelsfrei zuzuweisen. Die Werke weisen bei einer eher wenig komplexen Handlung doch eine größere Tiefe auf, als man zunächst meint. Dies erklärt sicher auch ihre anhaltende Bedeutung, die darüber hinaus geht, nur von literaturhistorischer Bedeutung zu sein.

70 „Konservativ" gebrauche ich dabei im reinen Sinn des Wortes als konservierend, nicht in irgendwelchen politisch umgefärbten Konstellationen. High Fantasy dieser Art versucht romantisch-mythologische Weltbilder, die de facto in dieser Form allerdings nie existiert haben, zu konservieren und gegen den ‚Fortschritt' der realen Welt zu idealisieren.

71 Die Mehrheit der Kritiker sieht Morris als den Beginn der Fantasy an und das genannte Werk ist dasjenige, das paradigmatisch eine Fantasygeschichte erzählt. Vorherige Werke von Morris könnte man auch als Startschuss der Fantasy ansehen oder auch einzelne Arbeiten anderer, wenn auch fast zeitgleich arbeitender Autoren (Autorinnen hingegen seinerzeit nicht), doch keines erfüllt alle Eigenheiten der Fantasy erstmalig in der Weise (vgl. Mathews 2002, 38ff.) wie es besonders *The Well at the World's End* tut.

72 Den vielleicht besten Einblick in das Leben dieses faszinierenden Mannes bietet aus der nicht geringen Menge der Literatur über Morris die Biographie von Fiona MacCarthy *William Morris – A Life for Our Time*.

73 Lin Carter resümiert: „William Morris was a success in every endeavor he attempted – every endeavor that is except the closest of human relationships, that of man and wife" (Carter 1973, 23).

74 Mathews berichtet, dass die Mitglieder der Präraffaelitischen Bruderschaft, der Morris ja angehörte, sich die Werke Chaucers, Malorys, Shakespeares und anderer voller Begeisterung laut vorlasen (Mathews 2002, 38).

75 „[T]he fantasy genre he developed" (Mathews 2002, 39). Die sechs Dinge sind bei Mathews detaillierter ausgeführt auf den Seiten 38 - 41.

76 Es wird in der Morrisforschung darüber spekuliert, inwieweit die persönlichen Tragödien des Autors eine Rolle bei der ständigen Hervorhebung dieses Punktes spielten.

77 Lin Carter sagt dazu: „[T]he coining of names is an art unique to fantasy writing and of transcendent importance to sustaining an illusion

136

of reality in a story set in imaginary lands or worlds. No one has *ever* excelled Lord Dunsany in this unusual and difficult art" (Carter 1973, 32)

78 Im Vorwort der Commemorative Edition von *A Voyage to Arcturus* sagt John Clute über das Buch es sei „austere and solitary" und „almost perversely refuses to resemble other books" (Clute 2002, VII).

79 Was über Lindsay zu finden war und eine Interpretation des Werkes findet sich in einer von Gary Wolfe verfassten Biographie mit dem Titel *David Lindsay* (Wolfe 1982).

80 Unter Buch subsumiere ich auch Hörbücher, obwohl mir bekannt ist, dass das Hörbuch eine eigene Darstellungs- und Interpretationsweise bedeutet, die in Grenzen eigenen Rezeptionsgesetzen unterliegt. Es ist an dieser Stelle jedoch nicht nötig, dem einen gesonderten Raum einzuräumen.

81 Es ist im Rahmen dieses Buches leider nicht möglich, Beispiele abzudrucken. Im Internet sind sie jedoch auf Mausklick zuhauf zu finden. Für die Fantasyposter und -cover Frazettas etwa unter der Homepage des Künstlers: http://www.frazettaartgallery.com/ff/index.html.

82 Beispiele im Internet unter http://anke.edoras-art.de.

83 Ich hatte Gelegenheit, diese Frage 2004 in Bezug auf die Jackson-Verfilmung von *Der Herr der Ringe* mit Fachpublikum zu diskutieren. Die Diskussion dehnte sich auch auf allgemeine Fragen der Einschätzung von Visualisierung aus. Wesentliches Ergebnis der Gesprächsrunde war die angesprochene Subjektivität des Empfindens. Insgesamt wurde Visualisierung aber mehrheitlich als Bereicherung und wünschenswerte Interpretation von Fantasy angesehen. Ein Bericht über die Diskussionsrunde findet sich in Weinreich 2004.

84 Wobei die Intensität der Wirkung zeit- und medienerfahrungsabhängig ist. Die seinerzeit großartigen FX (Spezialeffekte) eines Ray Harryhausen, der Filmmonster in Stop Motion-Technik zum Leben erweckte, wirkt für heutige Augen, die von den von Computern generierten FX eines Peter Jackson oder Zack Snyder verwöhnt werden, archaisch bis niedlich. Man vergleiche etwa die visuellen Eindrücke die *The Golden Voyage of Sindbad* von 1973, eine Arbeit, die zu Harryhausens besten gehört, hervorruft mit Snyders *300* von 2007.

85 Das ist natürlich nicht das einzige Problem eines Filmes. Im Falle von Verfilmungen, wie in jüngerer Zeit insbesondere der Jacksonschen Verfilmung von *Der Herr der Ringe*, kommt das immense Problem der Werktreue hinzu: was kann, darf und muss Film anders machen als die literarische Vorlage? Drei aufeinander folgende öffentliche Streitgespräche zwischen Rainer Nagel und Friedhelm Schneidewind, die ich auf den RingCons 2004 – 2006 moderiert habe und die unter reger Beteiligung des Publikums ausgetragen wurden, gaben beredtes

Zeugnis von diesem Problem, das hier jedoch nicht weiter diskutiert werden kann.

86 Die Anzahl der Spielenden ist schwer abzuschätzen, sie geht aber weit in den zweistelligen Millionenbereich. Allein *World of Warcraft*, das zur Zeit bekannteste Fantasyonlinerollenspiel, zählte im Januar 2007 mehr als 8 Millionen Spielerinnen und Spieler (Meldung der PC-Welt vom 12.1.2007, URL: http://www.pcwelt.de/news/unterhaltung/-68723/index.html).

87 Brettspiele aus dem Bereich der Fantasy können Rollenspielelemente aufweisen, sie müssen es aber nicht. Deshalb lässt sich auf sie das über Rollenspiele zu sagende entweder übertragen oder sie sind an dieser Stelle nicht von Interesse, weshalb ich die Brettspiele im weiteren nicht mehr separat bespreche.

88 Pen and Paper-Spiele aus dem Bereich Fantasy – es gibt diese Spiele auch für den Wilden Westen, für historische Ereignisse meist kriegerischer Art, für das Genre des Horrors, für die Science Fiction und und und. Mit dem Spielsystem GURPS (Generic Universal Role-playing System) existiert sogar ein Spiel und Regelwerk, das sich genreübergreifend problemlos auf alle möglichen Spielsituationen und -orte anwenden lässt.

89 Bei allen Arten der Computerspiele ist dies eindeutig, bei den Rollenspielvarianten besteht der Anschluss an die Medien immer noch in der vorgegebenen Geschichte, denn die Geschichte ist in kommunikationstheoretischer Hinsicht auch ein Medium, selbst wenn sie nur im Kopf des Spielleiters existieren sollte.

90 Diese Gegenüberstellung von Stimulus-Response-Modell und uses & gratifications approach ist extrem verkürzt und unterschlägt völlig die dazwischen liegenden Erklärungsmodelle, die bspw. eine Verbindung beider Ansätze versuchen. Nahezu erschöpfende Überblicke über die Medienwirkungsforschung bieten die Kommunikationswissenschaftler Heinz Bonfadelli (1999) und Roland Burkart (1995, Kap. 5 und 6). Eine knappe Zusammenfassung findet sich in meinem Buch *Moderne Agoren* (Weinreich 1997, Kap. 3.3).

91 Auch das Internet, in Form des World Wide Web, kann wie ein herkömmliches Massenmedium genutzt werden, wenn man passiv Inhalte konsumiert. Aber das Internet bietet eben auch die Möglichkeit der Aktivität in Form von Feedback und Partizipation in Newsgroups, Foren, virtuellen Arrangements und anderem.

92 Der Begriff der Sucht wird heutzutage sehr leichtfertig verwandt. Psychologisch gesehen gehört Kontrollverlust unabdingbar zur Diagnose Sucht dazu. Das wird oft vergessen wenn von Telefonsucht oder der ‚Sucht' nach Süßigkeiten die Rede ist. Wenn ich von Sucht rede, beziehe ich den Kontrollverlust bewusst ein.

138

93 Die dortigen Literaturangaben führen die Interessierten nach dem Schneeballprinzip immer weiter. Die meisten Aspekte der Tolkieninterpretation habe ich sowohl einführend als auch punktuell sehr tiefgehend selbst behandelt und neben meinen diesbezüglichen Büchern knapp 40 Aufsätze, Essays und Stories rund um Mittelerde auf meine Website gesetzt: http://www.polyoinos.de/tolk_stuff/tolk_start.htm.

94 Eigentlich ist *Der Herr der Ringe* keine Trilogie, sondern ein zusammenhängendes Buch. Es war eine verlegerische Entscheidung, nicht das Risiko einzugehen, eine fast 1500 Seiten umfassende Geschichte in einem Band zu veröffentlichen. Zweifellos war es diese Entscheidung, die dazu führte, dass es heute in der Fantasy von Trilogien nur so wimmelt.

95 Eine mögliche Einschränkung des Entstehens eigener Bilder im Kopf ist einer der Gründe für meine bei der Diskussion von Visualisierungen, besonders im Film, angedeutete Skepsis (vgl. S. 90). Tolkien selbst hielt das Drama für eine unzureichende Form der Darbietung von Fantasy: „Drama is naturally hostile to Fantasy. Fantasy, even of the simplest kind, hardly ever succeeds in Drama, when that is presented as it should be, visibly and audibly acted" (Tolkien 1992a, 47). Das gleiche gilt dann natürlich auch für Verfilmungen. Allerdings war Tolkien da nicht ganz konsequent, da er eine Verfilmung von *Der Herr der Ringe* nicht ausschloss, ja sogar selbst einmal ein Drehbuch begutachtete (es dann allerdings ablehnte).

96 Dark Fantasy mit ihren schlimmen Enden gehört also nach Auffassung von Tolkien nicht zu den fairy stories, ein Begriff, den man allzu leicht mit Fantasy gleichzusetzen geneigt ist. Hier gilt es aber zu differenzieren, Tolkien behandelt in *On Fairy Stories* weite Aspekte von Fantasy, aber er umschreibt damit nicht das Genre nach der Definition, wie sie in diesem Buch gegeben wurde.

97 Was sie übrigens nach Tolkiens Vorstellung ja, wie erwähnt, wirklich war, denn Mittelerde ist unsere reale Welt, wie sie in einem vorgeschichtlichen Zeitalter einmal ausgesehen hat: „‚history' [of Middle-earth] is supposed to take place in a period of the actual Old World of this planet" (*Letters*, 220).

98 Tolkien war von einer im Mythos liegenden Wahrheit überzeugt. Er war gläubiger Christ und erkannte in Mythen – im christlichen wortwörtlich, in den unchristlichen näherungsweise – Wahrheiten über Gott und das Universum (vgl. Carpenter 1979, 169ff.). Stärkster Ausdruck dafür ist das Gedicht *Mythopoiea*, wo er dies verklausuliert erklärt. Eine Analyse von *Mythopoeia* veröffentliche ich in Weinreich 2007.

99 Es sei einmal dahingestellt – weil nicht zum Thema gehörig, – ob die Queste wirklich nur junge Menschen in besonders hohem Maße an-

139

zieht. Das scheint mir auch manchmal eine Art überhebliches Bonmot älterer Schriftstellerinnen und Kritiker zu sein, die von (nur scheinbar) abgeklärter Warte aus auf ihr Publikum hinunterblicken. Ich kann in der Attraktivität der Queste jedenfalls kein ausschließlich jugendliches Motiv erkennen, erscheint mir doch die Suche nach etwas als für alle Lebensalter typisch.

100 Die sogenannte Queste (von lat. quaero = suchen) ist ein typisches Muster oder Erzählinstrument in der phantastischen Literatur, besonders aber in der Fantasy, das die von der Erzählhandlung geforderte Problemlösung in Form einer (gefahrvollen) Reise umsetzt (vgl. Pesch 2001, 172f.). Eine immer noch sehr gute Analyse der Queste bietet der Aufsatz *The Quest Hero* des britischen Dichters W.H. Auden (1961).

101 Nochmals 13 Jahre später, also 21 Jahre nach der ersten Trilogie, erscheinen zwei weitere Erdseebände, ein Roman und eine Kurzgeschichtensammlung. Die sind für die hier angestellten Betrachtungen jedoch von geringerem Interesse.

102 *Tehanu* war bei seinem Erscheinen 1990 sehr umstritten. Viele Fans empfanden den Bruch zwischen der Trilogie und dem neuen Band als zu groß und zeigten sich enttäuscht (vgl. Lenz 2001, 65ff.).

103 Natürlich hält sich auch Le Guin an die erwähnte Regel, dass die Macht von Magie eingeschränkt werden muss , um noch eine spannende und sinnvolle Story erzählen zu können. Auch die über Wortmagie vermittelte Macht hat klare Grenzen im Wissen und der persönlichen Kraft der Magieausübenden. Über die wahren Namen heißt es, „no man can learn them all" und über die Kraft „a mage can control only what is near him, what he can name exactly and wholly. And this is well" (*Wizard of Earthsea*, 51). So leben in Erdsee zwar sehr mächtige Magier, die mit ihrer Macht etwa ein Erdbeben stoppen können, aber die Autorin kann doch jederzeit enge Grenzen des Verwirklichbaren setzen.

104 Millicent Lenz schreibt: „Her work incorporates an ideal of balance or ,Equilibrium': in the psyche, between the rational and the intuitive; in gender, between male and female; int he natural world, termed ecology" (Lenz 2001, 84).

105 Biographische Notiz von McKiernans Website. URL: http://home.att.net/~dlmck/faq.htm, zit. am 17.4.2007.

106 Der dunkle Herrscher oder Dark Lord ist eine Figur, die in vielen Fantasygeschichten die Rolle des prinzipiellen Antagonisten der Helden übernimmt. Prinzipiell ist dabei in dem Sinne zu verstehen, dass der Dark Lord meist gar nicht oder nur ganz am Ende einer Erzählung als Person auftaucht. Insofern ist er oft eher ein Prinzip des Bösen, denn echter böser Akteur. Die bösen Handlungen werden in der

140

Regel von Stellvertretern und Handlangern übernommen. Der Dark Lord trägt oftmals Züge des christlichen oder islamischen Satans oder des Demiurgen. Prominente Beispiele sind Morgoth und Sauron in Tolkiens *Silmarillion* und *Der Herr der Ringe*, Lord Foul in den Covenant-Geschichten von Donaldson, der Sturmkönig in Tad Williams *Memory, Sorrow and Thorn* oder eben Gyphon in McKiernans *Mithgar*.

107 In *The Dragonstone*.

108 In *Voyage of the Fox Rider*.

109 In dem Zweiteiler *Hel's Crucible*.

110 In der *Iron Tower*-Trilogie.

111 In *The Silver Call*.

112 In *Eye of the Hunter*.

113 Persönliche Korrespondenz mit dem Autor. Das Zitat veröffentliche ich an dieser Stelle mit freundlicher Erlaubnis von McKiernan.

114 In einem berühmten Ausspruch zur Philosophie Platons von Alfred North Whitehead heißt es: „The safest general characterization of the European philosophical tradition is that it consists of a series of footnotes to Plato. I do not mean the systematic scheme of thought which scholars have doubtfully extracted from his writings. I allude to the wealth of general ideas scattered through them" (Whitehead 1979, 39).

115 Auflösung der Frage durch Platon: Der Eigennutz ist nicht klüger, da er der Seele schadet und sie leiden lässt (*Politeia*, 612b – 613b) und da die Gyges-Geschichte nur Fantasy ist, zeigt sich auch in der Realität (meistens), dass die ethisch richtig handelnden Menschen auch im Diesseits in der Regel glücklicher und angesehener leben werden (613c-e).

116 „Psychische Natur" heißt dabei ganz eindeutig, dass das Gefühl und die Anlage zur metaphysischen Fragestellung meines Erachtens vollkommen diesseitig sind – sie sind sozusagen in der physischen Substanz der Gehirne und der wie auch immer gearteten Struktur des emergierenden Bewusstseins fest verdrahtet – und somit als Faktum anzusehen sind; ein Faktum, das abseits aller möglichen Gestalt der metaphysischen Spekulation besteht (vgl. S. 155).

117 Auch wenn Fantasy natürlich Hoffnungen zu wecken vermag. Insbesondere die Hoffnung darauf, dass es etwas Verzauberung und Flucht aus der Nüchternheit dies- wie jenseits geben mag. Das verspricht Fantasy aber nicht und sie erweckt sie auch nicht *innerhalb* bestimmter Werke, sondern allgemein (wenn jemand Eru, den Gott von Tolkiens Mittelerde, oder Crom, den Gott von Howards *Conan*, ernsthaft anbeten sollte, schiene mir das eher ein Zeichen für ein allgemeineres Problem des Individuums zu sein).

Quellen
Zitierte Fantasyliteratur , -filme und -spiele

Bücher, Primärliteratur

(inkl. zit. phantastischer Literatur, die nicht unter die „enge Definition"
von Fantasy fällt)

Beard, Henry N./ Kenney, Douglas C.: *Bored of the Rings.* New York RoC:
1993.

Brunner, John: Reisender in Schwarz. München: Heyne 1983.

Carroll, Lewis/ Steadman, Ralph: *The Complete Alice & the Hunting of the
Snark.* London: Jonathan Cape 1986.

Dunsany, Lord (Edward John Moreton Drax Plunkett): *The King of Elfland's Daughter.* New York: Del Rey 1999.

ders.: *Die Königstochter aus Elfenland.* Übers. v. H. Wollenschläger. Stuttgart:
Klett-Cotta.

Ende, Michael: *Momo* oder die seltsame Geschichte von den Zeit-Dieben
und von dem Kind, das den Menschen die gestohlene Zeit zurück-
brachte. Stuttgart: Thienemann 1973.

ders.: *Die unendliche Geschichte.* Stuttgart: Thienemann 1979.

Feist Raymond: *Die Midkemia-Saga.* (Der Lehrling des Magiers / Der ver-
waiste Thron / Die Gilde des Todes / Dunkel über Sethanon / Gefährten des Blutes / Des Königs Freibeuter) München: Goldmann
1984.

Feist, Raymond/ Wurtz, Janny: *Die Kelewan-Saga.* (Die Auserwählte / Die
Stunde der Wahrheit / Der Sklave von Midkemia / Zeit des Auf-
bruchs / Die schwarzen Roben / Tag der Entscheidung) München:
Goldmann 1998.

Foster, Alan Dean: *Der Bannsänger-Zyklus* (Bannsänger / Die Stunde des
Tors / Der Tag der Dissonanz / Der Augenblick des Magiers / Die
Pfade des Wanderers / Die Zeit der Heimkehr). München: Heyne
1986 – 1988.

Gerber, Michael: *Barry Trotter and the Unauthorized Parody.* New York: Simon & Schuster 2002.

Howard, Robert E.: *Conan*. Die Original-Erzählungen aus den Jahren 1932 und 1933. München: Heyne 2003.

Le Guin, Ursula K.: *The Earthsea-Quartet*. (A Wizard of Earthsea / The Tombs of Atuan / The Farthest Shore / Tehanu) London: Penguin 1993.

dies.: *The Other Wind*: an Earthsea Novel. London: Orion 2003.

dies.: *Tales From Earthsea*. New York: Ace Books 2003.

Leiber, Fritz: *The First Book of Lankhmar*. (Swords and Deviltry / Swords Against Death / Swords in the Mist / Swords Against Wizardry). London: Gollancz 2001.

Lewis, Clive Staples: *The Complete Narnia-Chronicles*. 3 Bände. London: HarperCollins 1999.

ders.: *Die Perelandra-Trilogie* (Jenseits des schweigenden Sterns / Perelandra / Die böse Macht). Moers: Brendow 2006.

Lindsay, David: *A Voyage to Arcturus*. Commemorative Edition. Lincoln, London: Bison Books 2002.

McKiernan, Dennis L.: *Der Mithgar-Zyklus* (The Dragonstone / Voyage of the Fox Rider / Hel´s Crucible I & II / Dragondoom / Tales of Mithgar / The Iron Tower I, II & III / The Silver Call / The Eye of the Hunter / Silver Wolf, Black Falcon). New York: RoC 1986 – 2000.

ders.: *Caverns of Socrates*. New York: RoC 1996.

ders.: *Once Upon a Winter´s Night*. New York: RoC 2001.

ders.:*Once Upon a Summer´s Day*. New York: RoC 2005.

Morris Williams: *The Well at the World´s End*. 2 Bde. New York: Ballantines 1970.

ders.: *The Wood Beyond the World*. The Collected Works of William Morris, Vol. 17. London: Routledge 1992.

Norman, John: *Gor – die Gegenerde*. München: Heyne 1973.

Peake, Mervyn: *The Gormenghast Novels*. Titus Groan – Gormenghast – Titus Alone. Woodstock, New York: The Overlook Press 1995.

Pratchett, Terry: *Der Scheibenwelt-Zyklus* (Die Farben der Magie u.v.a.). München: Heyne ab 1992.

Scott, Martin: *Die Geheimnisse von Turai 1 + 2 + 3*. (Der Drachentöter /

144

Das Zaubergift / Das Wagenrennen) München: Blanvalet 2006.

Shelley, Mary: *Frankenstein*. Introduction and Notes by Karen Karbiener. New York: Barnes & Noble Classics 2003. [Text der rev. Ed. v. 1831]

Swift, Jonathan: *Gulliver's Travels*. New York: Longman 1994.

Tolkien, John Ronald Reuel: *The Hobbit or There And Back Again*. New York: Ballantine 1982.

ders.: *Fabelhafte Geschichten*. (Bauer Giles von Ham / Der Schmied von Großholzingen / Blatt von Tüftler). Stuttgart: Klett-Cotta 1988.

ders.: *The Lord of the Rings*. 3 Bücher. London: HarperCollins 1993.

ders.: *The Silmarillion*. London: HarperCollins 1994.

ders.: *The Complete History of Middle-earth*. 12 Bände und ein Indexband. London: HarperCollins 1994.

ders.: *Der Herr der Ringe 1-3*. (Die Gefährten / Die zwei Türme / Die Rückkehr des Königs). Übers. v. M. Carroux. Stuttgart: Klett Cotta 2002.

ders.: *Smith of Wootton Major*. Ed. by V. Flieger. London: HarperCollins 2005.

ders.: *The Children of Hurin*. London: HarperCollins 2007.

Walpole, Horace: *The Castle of Otranto*. Ed. With an Introduction and Notes by M. Gamer. London u.a.: Penguin 2001.

Weis, Margaret/ Hickman, Tracy: *Dragonlance: Chronicles* (Dragons of Autumn Twilight / Dragons of Winter Night / Dragons of Spring Dawn). Lake Geneva: TSR 1988a.

dies.: *Dragonlance: Legends* (Time of the Twins / War of the Twins / Test of the Twins). Lake Geneva: TSR 1988b.

dies.: *Dragonlance: Saga*. The Second Generation. Lake Geneva: TSR 1994.

dies: *Dragonlance: Chronicles*, Volume 4. Dragons of Summer Flame. Lake Geneva: TSR 1995.

dies.: *The Soulforge*. Renton: Wizards of the Coast 1998.

dies.: *War of Souls Trilogy*. 3 Bde (Dragons of a Fallen Sun / Dragons of a Lost Star / Dragons of a Vanished Moon). Renton: Wizards of the Coast 2003.

Williams, Tad: *Memory, Sorrow and Thorn*. (The Dragon Bone Chair / Stone of Farewell / Siege / To Green Angel Tower). New York: Daw

Books 1994 – 1997.

ders.: *Otherland*. (City of Golden Shadows / River of Blue Fire / Mountain of Black Glass / Sea of Silver Light). New York: Daw Books 1998 – 2001.

Woolley, Persia: *Der Ginevra-Zyklus*. (Ginevra, Königin unter Sternen / Ginevra, Tochter des Frühlings / Ginevra, Rückkehr nach Camelot). Stuttgart: Klett-Cotta 2000, 2001, 2003.

Filme

300. Regie Snyder, Zack. USA 2007.

Conan the Barbarian. Regie Milus, John. USA 1982.

Dragonheart. Regie Cohen, Rob. USA 1996.

Harry Potter and the Philosopher´s Stone. Regie Columbus, Chris. USA 2001.

Pirates of the Caribbean [dt. Fluch der Karibik] (The Curse of the Black Pearl/ Dead Man's Chest/ At World´s End) Regie: Verbinski, Gore. USA 2003, 2006, 2007.

The Lord of the Rings (The Fellowship of the Ring / The Two Towers / The Return of the King) Regie: Jackson, Peter. Neuseeland 2001, 2002, 2003.

The Golden Voyage of Sindbad. Regie: Hessler, Gordon. GB, USA 1973.

Willow. Regie: Howard, Ron. USA 1988.

Computerspiele

Dark Messiah of Might and Magic. Erschienen bei Arkane Studios 2006.

Dark Project: Der Meisterdieb. 1998 erschienen bei Looking Glass.

Diablo. 2 (Haupt-)Teile, erschienen 1997, 2000 bei Blizzard Entertainment.

Everquest. 1999 erschienen bei Verant Interactive.

Final Fantasy. 13 Teile in der eigentlichen Serie, erschienen bei Squaresoft (später Square Enix) ab 1987.

Heroes of Might and Magic. 6 Teile (incl. *King´s Bounty*) ab 1990 erschienen bei New World Computing.

Hexen. Erschienen bei Raven Software 1995.

Monkey Island. 4 Teile, erschienen bei Lucas Film Games.

146

Prince of Persia. 4 Teile (incl. *Karateka*), erschienen ab 1986 bei Brøderbund, später verschiedene Publisher.

Quest for Glory-Reihe. 5 Spiele, erschienen bei Sierra-Games (später Vintage-Sierra) 1989, 1990, 1992, 1993 u. 1999.

Simon the Sorcerer-Reihe. 4 Spiele (Teil 4 bei Drucklegung noch nicht erschienen). Teile 1 und 2 1993 und 1995 bei Infogrames erschienen, Teil 3 2002 bei Vivendi.

The Bard´s Tale. 4 Teile, ab 1985 bei Interplay, später Electronic Arts erscheinend.

Ultima-Reihe. (je nach Zählung) 9-13 Spiele, ab 1980 bei Origin und Electronic Arts erschienen.

Ultima-Online. Erschienen bei Origin 1997.

World of Warcraft. 2004 erschienen bei Blizzard Entertainment.

Zitierte Literatur

Aristoteles: *Metaphysik*. 2 Bde, gr.-dt., hrsg. v. H. Seidl. 3. Auflage. Hamburg: Meiner 1989 u. 1991.

Arnold, Heinz Ludwig/ Detering, Heinrich (Hrsg.): *Grundzüge der Literaturwissenschaft*. 2. Auflage. München: dtv 1997.

Armstrong, Karen: *Eine kurze Geschichte des Mythos*. Berlin: Berlin Verlag 2005.

Auden, Wystan Hugh: *The Quest Hero*. In: Texas Quarterly 4, 1961. 81 – 93.

Bacon, Francis: De Dignitate et Augmentis Scientiarium. In: *Opera*, Vol. I. London: De Haviland 1623.

Bessière, Irène: *Le récit fantastique*. La poétique de l'incertain. Paris: Larousse 1947.

Bleiler, Everett Francis*: The Checklist of Fantastic Literature*. A Bibliography of Fantasy, Weird, and Science Fiction Books published in the English Language. Chicago: Shasta Publishers 1948.

Blumenberg, Hans: Wirklichkeitsbegriff und Wirkungspotential des Mythos. In: M. Fuhrmann (Hrsg.): *Terror und Spiel*. Probleme der Mythenrezeption. 1971. 11 – 66.

Bonfadelli, Heinz: *Medienwirkungsforschung I*. Grundlagen und theoretische Perspektiven. Konstanz: UVK Medien 1999.

Burkart, Roland: *Kommunikationswissenschaft*. Grundlagen und Problemfelder. Wien u.a.: Böhlau 1995.

Campbell, Joseph: *Der Heros in Tausend Gestalten*. Frankfurt/M.: Insel 1999.

Carpenter, Humphrey: *J.R.R. Tolkien*. Eine Biographie. Stuttgart: Klett-Cotta 1979.

Carter, Lin: *Imaginary Worlds*. The Art of Fantasy. New York: Ballantine Books 1973.

Clute, John: Introduction. In: Lindsay, David: *A Voyage to Arcturus*. 2002. VII – XV.

Clute, John/ Grant John: The Encyclopedia of Fantasy. New York: St. Martin´s Press 1997.

Curry, Patrick: *Defending Middle-Earth*. Tolkien: Myth and Modernity. New York: St. Martin´s Press 1997.

ders.: Tolkien and His Critics: A Critique. In Th. Honegger (Hrsg.): *Root and Branch*. 1999. 81-148.

Dietrich, Walter/ Link, Christian: *Die dunklen Seiten Gottes*. 2 Bände. Neukirchen-Vluyn: Neukirchener 2000.

Eliade, Mircea: *Mythen, Träume und Mysterien*. Salzburg 1961.

Ende, Michael: *Micheal Endes Zettelkasten*. Skizzen & Notizen. Stuttgart, Wien: Weitbrecht 1994.

Engell, James: *The Creative Imagination*. Enlightenment to Romanticism. Cambridge (Mass.): Harvard University Press 1981.

Feige, Marcel: *Das neue Lexikon der Fantasy*. Xena, Conan, Artus & Der Kleine Hobbit – Mythen, Legenden und Sagen der Fantasy. 2. Aufl. Berlin: Schwarzkopf & Schwarzkopf 2003.

Feist, Raymond E.: Unser aller Großvater - Reflexionen über J.R.R. Tolkien. In: K. Haber (Hrsg.): *Tolkiens Zauber*. 29-43.

Frenschkowski, Marco: Leben wir in Mittelerde? Religionswissenschaftliche Betrachtungen zu Tolkiens "The Lord of the Rings". In: Th. Le Blanc/ B. Twrsnick (Hrsg.): *Das Dritte Zeitalter*. 2006. 240 - 264.

Frye Northrop: *The Secular Scripture*. A Study of the Structure of Romance.

148

Cambridge (Mass.), London: Harvard University Press 1976.

ders.: : *Anatomy of Criticism*. Four Essays. Princeton: Princeton University Press 1990.

Fuhrmann, Manfred (Hrsg.): *Terror und Spiel*. Probleme der Mythenrezeption. Poetik und Hermeneutik, Bd.4. München: Fink 1971.

Heinlein, Robert A.: Ray Guns and Rocket Ships. In: *Library Journal*, Vol 78, (Juli) 1953. 1188 – 1189.

Herron, Don (Hrsg.): *The Dark Barbarian*. The Writings of Robert E. Howard: A Critical Anthology. Berkeley heights: Wildside Press 1984.

Honegger, Thomas (Hrsg.): *Root and Branch*. Approaches Towards Understanding Tolkien. Zürich, Bern: Walking Tree Publishers 1999.

Honegger, Thomas/ Johnston, Andrew James/ Schneidewind, Friedhelm/ Weinreich, Frank: *Eine Grammatik der Ethik*. Edition Stein und Baum, Band 1. Saarbrücken: Verlag der Villa Fledermaus 2005.

Honegger, Thomas/ Weinreich, Frank (Hrsg.): *Tolkien and Modernity II*. Zürich, Bern: Walking Tree Publishers 2006.

Hunt, Peter: Introduction: Fantasy and Alternative Worlds. In: P. Hunt/ M. Lenz (Hrsg.): *Alternative Worlds in Fantasy Fiction*. London: Continuum 2001. 1–41.

Hunt, Peter/ Lenz, Millicent (Hrsg.): *Alternative Worlds in Fantasy Fiction*. Series: Contemporary Classics of Children Literature. London: Continuum 2001.

Irwin, William: *The Game of the Impossible*. A Rhetoric of Fantasy. Urbana: University of Illinois Press 1976.

Isau, Ralf: Fantasy eine fantastische Herausforderung. Zur Fantasyliteratur für Kinder und Jugendliche. 2002. [WWW-Dokument, URL: http://www.isau.de/werk/pdf/fantasy.pdf, eingesehen am 26.3.2007; urspr. in: Lehren und Lernen, Heft 5/2002]

Jacobsen, Thorkild: Der Kosmos als Staat. In: H. Francfort et al.: *Frühlicht des Geistes*. Wandlungen des Weltbildes im alten Orient. Stuttgart: Kohlhammer 1954. 205 – 211.

Jackson, Rosemary: *Fantasy*. The Literature of Subversion. New York, London: Routledge 1981.

Jaspers, Karl: *Vom Ursprung und Ziel der Geschichte*. München: Piper 1963.

Jung, Carl Gustav: *C.G. Jung-Taschenbuchausgabe in elf Bänden*. München dtv 2001.

Kant, Immanuel: *Werkausgabe*. 12 Bände. Frankfurt/M.: Suhrkamp 1968ff. [Sigle: *KWA*]

Keats, John: Lamia. In: The Poetical Works of John Keats. London 1884. [WWW-Dokument, zitiert am 8.7.2006, URL: http://bartleby.com/126/37.html]

Knatz, Lothar: Mythos / Mythologie. In: H.J. Sandkühler: *Enzyklopädie Philosophie*. Band 1. 1999. 887 – 894.

Laplace, Pierre-Simon (1995): *Théorie analytique des probabilités*. Paris: Gabay. [Reprint of the 1st Ed., Paris 1847]

Le Blanc, Thomas: Was ist eigentlich Fantasy? In: *Tolkien Times*, Oktober 2003. 6 – 7.

Le Blanc, Thomas/ Twrsnick, Bettina (Hrsg.): *Das Dritte Zeitalter*. J.R.R. Tolkiens "Herr der Ringe". Tagungsband 2005. Schriftenreihe und Materialien der Phantastischen Bibliothek Wetzlar, Band 92. Wetzlar: Phantastische Bibliothek Wetzlar 2006.

Le Guin, Ursula K.: *The Language of the Night*. Essays on Fantasy and Science Fiction. Edited and with Introductions by Susan Wood. New York: G.P. Putnam´s Sons 1979.

Leiber, Fritz: Howard´s Fantasy. In: D. Herron: *The Dark Barbarian*. 1984. 3 – 15.

Lenz Millicent: Ursula K. Le Guin. In: P. Hunt/ M. Lenz (Hrsg.): *Alternative Worlds in Fantasy Fiction*. London: Continuum 2001. 43 – 85.

Louinet, Patrice: Einführung des Herausgebers. In: *Conan*. Die Original-Erzählungen aus den Jahren 1932 und1933. München: Heyne 2003.

Lewis, Clive Staples: *Of Other Worlds*. Essays and Stories. San Diego u.a.: Harvest 1975.

Locke, John: *Zwei Abhandlungen über die Regierung*. Übers. v. H.J. Hoffmann, hrsg. u. Eingel. v. W. Euchner. Frankfurt/M. Suhrkamp 1989.

Lovecraft, Howard Philipp: *Die Literatur der Angst*. Zur Geschichte der Phantastik. Phantastische Bibliothek, Band 320. Frankfurt/M.: Suhrkamp 1995.

MacCarthy, Fiona: *William Morris*. A Life for Our Time. London: Faber &

Faber 1995.

Manlove, Colin N.: *Modern Fantasy*. Five Studies. Cambridge (Mass.) u.a.: Cambridge University Press 1975.

Mathews, Richard: *Fantasy*. The Liberation of Imagination. Genres in Context, Volume 2. New York, London: Routledge 2002.

McKiernan, Dennis L.: Foreword to *Once Upon a Summer's Day*. 2005. [WWW-Dokument, zit. am 24.4.2007, URL: http://home.att.net/~dlmck/f_summer.htm.

Minkowitz, Donna: *The Living and the Dead*. 2001. [WWW-Dokument, zit. am 28.4.2007; URL: http://archive.salon.com/books/feature/2001/-10/04/earthsea/index.html.

Müller-Dyes, Klaus: Gattungsfragen. In: H.L. Arnold/ H. Detering (Hrsg.): *Grundzüge der Literaturwissenschaft*. 1997. 323 – 348.

Neschke, Ada: Griechischer Mythos. Versuch einer idealtypischen Beschreibung. In: *Zeitschrift für Philosophische Forschung*, 37. 1983. 117 – 138.

Newton, Isaac: *Philosophiae Naturalis Principia Mathematica*. (dt. Mathematische Grundlagen der Naturphilosophie) Hamburg: Meiner 1988.

Nietzsche, Friedrich: *Sämtliche Werke*. Kritische Studienausgabe in 15 Bänden. Hrsg. v. G. Colli u. M. Montinari. München: DTV 1988. [Sigle: *KSA*]

Novalis (Georg Friedrich Philipp Freiherr von Hardenberg): *Werke*. München: Beck 2001.

Nye, Russell: *The Unembarrassed Muse*: The Popular Arts in America. New York: Dial Press 1970.

Pascal, Blaise: *Gedanken*. Stuttgart, Leipzig 1987.

Pesch, Helmut W. (Hrsg.): *J.R.R. Tolkien – der Mythenschöpfer*. Edition Futurum Band 5. Meitingen: Corian 1984.

ders.: *Fantasy*. Theorie und Geschichte einer literarischen Gattung. Passau: edfc 2001.

Petzold, Dieter: Tolkiens Kosmos. In: H.W. Pesch (Hrsg.): *J.R.R. Tolkien - der Mythenschöpfer*. 1984. 123-142.

ders.: *J.R.R. Tolkien*. Leben und Werk. Eggingen: Edition Isele 2005.

Pichot, André: *Die Geburt der Wissenschaft*. Von den Babyloniern zu den frühen Griechen. Köln: Parkland Verlag 2000.

Platon: *Sämtliche Dialoge*. Hrsg. v. O. Apelt. Hamburg: Meiner 1993.

Rabkin, Eric S.: *The Fantastic in Literature*. Princeton: Princeton University Press 1976.

Reynolds, Patricia/ Goodknight, Glen (Hrsg.): *The Proceedings of the J.R.R. Tolkien Centenary Conference*. Keble College, Oxford, 1992. Mythlore 80 / Mallorn 30. 1995.

Rühling, Lutz: Voraussetzungen und Grundfragen der Literaturwissenschaft. In: H.L. Arnold/ H. Detering: *Grundzüge der Literaturwissenschaft*. 1997. 25 – 51.

Sandkühler, Hans Jörg (Hrsg.): *Enzyklopädie Philosophie*. 2 Bände. Hamburg: Meiner 1999.

Schneidewind, Friedhelm: *Das Lexikon von Himmel und Hölle*. Berlin: Lexikon Imprint Verlag 2000.

ders.: *Das ABC rund um Harry Potter*. Berlin: Lexikon Imprint Verlag 2000a.

ders.: *Mythen und Phantastik*. Essen: Oldib 2007.

Schwager, Raymund: *Brauchen wir einen Sündenbock?* Gewalt und Erlösung in den biblischen Schriften. München: Kösel 1986.

Shippey, Tom A.: *J.R.R. Tolkien*. Autor des Jahrhunderts. Stuttgart: Klett-Cotta 2002.

ders.: *The Road to Middle-Earth*. How J.R.R. Tolkien created a New Mythology. Boston, New York: Houghton Mifflin 2003.

Sprague de Camp, Lyon: *Literary Swordsmen and Sorcerers*. The Makers of Heroic Fantasy. Sauk City: Arkham House 1976.

ders.: *The Swords of Faërie*. In: ders.: Literary Swordsmen and Sorcerers. 1976a. 3 – 30.

Suvin, Darko: *Poetik der Science Fiction:* Zur Theorie und Geschichte einer literarischen Gattung. Frankfurt/M.: suhrkamp 1979.

Swift, Jonathan: *Gullivers Reisen*. Übers. v. Fr. Kottenkamp. Frankfurt/M.: Insel 1974.

Todorov, Tzvetan: *The Fantastic*. A Structural approach to a Literary Genre. Ithaca, New York: Cornell 1975

Tolkien, John Ronald Reuel: *Tree and Leaf*. London: Grafton 1992.

ders.: On Fairy Stories. In: ders.: *Tree and Leaf.* 9 – 73. 1992a.

ders.: *The Letters of J.R.R. Tolkien.* A Selection edited by Humphrey Carpenter. Boston, New York: Houghton Mifflin 2000.

Waggoner, Diana: *The Hills of Faraway.* A Guide to Fantasy. New York: Atheneum 1978.

Weinreich, Frank:: *Moderne Agoren.* Nutzungsweisen und Perspektiven von Mailboxsystemen. Wiesbaden: deutscher Universitätsverlag 1997.

ders.: *Über Märchen* - Tolkiens Sicht des Phantastischen. 1999. [WWW-Dokument, zit. am 8.4.2007, URL: www.polyoinos.de/tolk_stuff/fairystories.htm.

ders.: J.R.R. Tolkien: *The Lord of the Rings.* Inhalt - Hintergrund - Interpretation. München: Mentor Verlag 2001.

ders.: *Die Macht der Bilder?* – Wie die Verfilmung unsere Rezeption vom Herrn der Ringe verändert hat. Bericht über eine Diskussionsrunde auf dem dritten Tolkienfest zu Hohensolms im Mai 2004. 2004. [WWW-Dokument, zit. am 29.4.2007; URL: http://www.polyoinos.de/tolk_stuff/film_disk1.html.

ders.: Ethos in Arda. In: Th. Honegger et al: *Eine Grammatik der Ethik.* Saarbrücken: Verlag der Villa Fledermaus 2005. 111 – 134.

ders.: *J.R.R. Tolkien. Eine kurze, annotierte Biographie.* 2005a. [WWW-Dokument zit. am 15.4.2007, URL: http://www.polyoinos.de/tolk_stuff/biographie.html]

ders.: „It was always open to one to reject" - Zur Möglichkeit philosophischer Interpretationen Tolkiens fiktionaler Werke am Beispiel der Willensfreiheit. In: Th. Fornet-Ponse et al: *Tolkien und seine Deutungen.* Hither Shore, Band 1. Köln: Scriptorium Oxoniae 2005b. 71 - 83.

ders.: Zur Metaphysik der Zweitschöpfung. Die Ontologie von Mythopoeia. In: Th. Fornet-Ponse et al. (Hrsg.): *Tolkiens kleinere Werke.* Hither Shore Band 4. Köln Scriptorium Oxoniae 2008. [in Vorbereitung]

Weinreich, Frank/ Honegger, Thomas (Hrsg.): *Tolkien and Modernity I.* Zürich, Bern: Walking Tree Publishers 2006.

Weniger, Gerd-Christian: *Projekt Menschwerdung.* Streifzüge durch die Entwicklungsgeschichte des Menschen. Heidelberg, Berlin: Spektrum

2001.

Whitehead, Alfred North/ Griffin, David Ray: *Process and Reality*. An Essay in Cosmology. New York: Free Press 1979.

Williams, Madawc: Tales of Wonder – Science Fiction and Fantasy in the Age of Jane Austen. In: P. Reynolds, Gl. Goodknight (Hrsg.): *J.R.R. Tolkien Centenary Conference*. 1995. 419 – 430.

Williams, Tad (Interview): *„Winzig kleine Leute sind interessanter und heldenhafter"*. 2007. [WWW-Dokument, zit. am 18.4.2007, URL: http://www.phantastik-couch.de/interview-mit-tad-williams.html

Wilson, Edmund (1984): Die bösen, bösen Orks. In: H.W. Pesch (Hrsg.): *J.R.R. Tolkien – der Mythenschöpfer*. 51 – 56. [urspr. erschienen unter dem Titel Oh, those Awful Orcs! In: *The Nation*, 14. April 1956]

Wolfe, Gary K.: *David Lindsay*. Mercer Island: Starmont House 1982.

Sach-, Titel- und Personenindex

(Indexierung des Mengentextes von S. 9-123)

156

162

Ausgewählte Veröffentlichungen des Oldib Verlages